障害は迷惑じゃない

JN249456

松本誠司・井上吉郎・木全和巳

全障研出版部

■この本を読むあなたへ

この本は、４つの章で構成しています。

１　夢の中で走ってます！　松本誠司

脳性マヒの障害をもって生まれた松本さんが成長とともに障害を受け入れながら、社会の矛盾に出会い、全障研をはじめとする障害者運動に出会ってきたあゆみをつづっています。

２　死んでる暇なし　井上吉郎

井上さんは、生協運動で障害者に出会い、障害者運動に関わり、障害者のための政治づくりに奮闘してこられました。60歳で受傷。その後の生き様を熱く語ります。

３　クロスインタビュー　井上吉郎　×　松本誠司

松本さんと井上さんが、おたがいにインタビュー。知り合って20年以上のお二人ですが、「へーそうだったんだー」の新発見もいっぱい。相手の答えから自分を見つめる機会にもなりました。理解が深まった二人の時空間をみなさんにお届けします。

４　「障害」と「差別」と「迷惑」をどう考える　木全和巳

社会福祉と権利擁護が専門の木全さんが、二人の手記とインタビューをもとに、「障害」、「差別」、「迷惑」について考えます。

どのページからでも読めますが、順番どおり、「手記」→「インタビュー」→「まとめ」と読みすすみ、執筆者とともに本書のテーマについて考えていただければ幸いです。

夢の中で走ってます！

松本誠司《まつもとせいし》

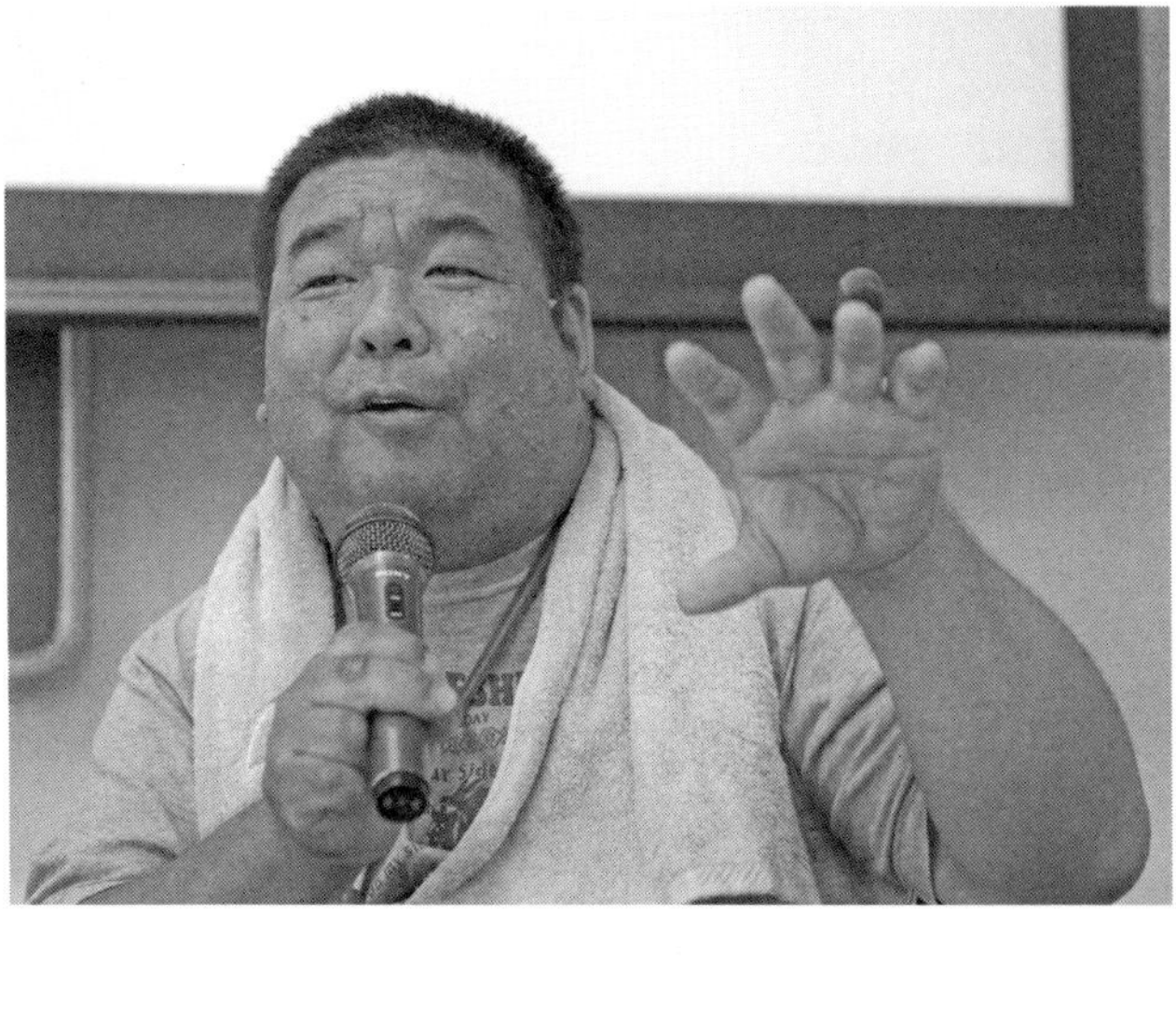

1 「おかあちゃんと帰りたい」

僕は、１９６８年3月に高知県の室戸市で生まれました。当時僕が生まれた病院では、「仮死状態」で生まれた子どもが、僕の他にもう一人保育器に入れられていたと聞いています。

当時僕の家族は、父と姉と長兄は大阪に出稼ぎに行っていました。母も土木作業に従事していたので、僕は祖父母に育てられました。いわゆる〝おばあちゃん子〟だったのです。祖母や母は歩けないことを心配しつつも「普通にしゃべりゆうき、そのうち歩きだすろう」と思っていたそうです。そして、３歳児健診で「脳性マヒ」と診断されました。

その後、保育園に通うこともなく高知市にある肢体不自由児施設・子鹿園に「母子入園」しました。３ヶ月間治療や訓練の仕方（当時はリハビリのことを訓練と呼びました）を母親が学び、自宅で訓練ができるようにすることが目的でした。初めての「母子入園」から帰宅したとき、父が砂浜から砂を取ってきて訓練で使う砂袋を作ったり、訓練で使う玉さしというおもちゃを買ってくれました。

僕は、幼いながらも、これで自宅で家族と暮らしながら訓練をしたら歩けるようになると思っていました。しかし、「母子入園」を数回繰り返した後、５歳のときから子鹿園での〝一人暮らし〟が始まりました。

0歳　母に抱かれて

最初にいた病棟は「重度病棟」といわれるところで、ワンフロアに20名ほどの子どもたちが生活をしていました。そこには僕のように伝い歩きができる子から、「寝たきり」の子どもまでいました。でも、このころの僕には、障害という認識はありませんでした。

まだ5歳になったばかりの僕にとって、母や家族と離れて暮らすことは、とても寂しく悲しいことでした。母から電話がくるたびに「歯みがき粉がなくなった」「ミニカーが便所に落ちた」などその日の出来事を話しました。「買うて持って来てほしい」「おかあちゃんに会いたい」という思いでいっぱいでした。

毎週日曜日に母親が面会に来てくれました。お昼ごはんを施設の近くの公園や食堂で食べたり、繁華街にあるデパートに遊びに連れて行ってくれました。それは、訓練訓練の毎日のなかで、楽しい楽しい日曜日でした。楽しいことは続きません。夕方になると母は家へ帰ります。

窓越しに「さよなら」「また、今度の日曜に来るきに」と言葉を交わして別れるのですが、親子ともども涙を流していました。「おかあちゃんと一緒に帰りたい」と涙声で言っても母は連れて帰ってはくれません。

「なぜ、僕だけがここ（施設）にいなければならないのか」という悔しさもありました。〝一人暮らし〟を始めたころ、祖母や祖父との会話を思い出して、「雨が降りだしたときに、田を見に行かんといかん」とか、すり傷ができたときは「鮎のハラワタを塗って」と看護婦さんに言っていたので、ついたあだ名が〝おじい〟でした。

2歳　カタカタ

小中学部は、子鹿園に併設されていた、若草養護学校の子鹿園分校で9年間学びました。小学部から中学部へと進学するとき、施設の職員さんから「地元の中学校へ行ってみないか」という話がありましたが、実際に日々の通学や学校生活をどうするのかという具体的な話になると、困難なことも多々あることから実現しませんでした。

高等部も普通高校にという話がありましたが、実現しませんでした。このとき、担任の先生から「あなたが合格したらそのぶんだれかが落ちることになるから力試しに高校受験をすることはしてはいけません」と言われたことはショックな面と「受けたら通るのか」という自信ももらいました。

高等部を卒業した後は、クリーニング店に就職し、３年後に退職し、その後あさひ共同作業所に30年近く通いつづけています。

あさひ共同作業所は、１９８５年に若草養護学校を卒業した障害者の親たちが中心になり、設立し、運営してきた小規模の作業所です。障害者福祉制度が変わっていくなかで、無認可の共同作業所では運営しづらくなりＮＰＯ法人を２００３年10月に設立し、２００９年４月に就労継続支援Ｂ型へと新体系への移行をしました。

現在僕は、法人の副理事長として法人運営に関わると同時に、利用者としてリサイクルの活動（空き缶の回収や廃棄電線の被覆《ひふく》を取り除く作業）に携わっています。

２歳　つりあそび

2　障害を感じたとき

(1) 思いっきり走ったときみたい？

僕は、高等部を卒業したらコンピューターとか電気関係の仕事に就きたいと思っていました。小学部のころから身体検査のたびに「色盲」で引っかかっていたので、進路の先生から「正確な検査を受けておいた方がいい」と言われて県立病院の眼科を受診しました。

視力検査や色弱の検査をいくつかして、眼底検査をしようとしていたときのことです。担当の女医さんが、「今から眼底検査をします。すこし眼に空気があたりますよ。そうそう、運動場で思いっきり走ったとき、空気を感じるみたいな感じです」と。

彼女に悪気はなく、日常のひとコマだったと思います。

が、僕にしてみれば「眼に空気を感じるほどのスピードで走った」経験はありません。検査中、というか診察室にいる間は〝空気〟ではなく、〝ショック〟を感じていました。今思えば、医師という病気や障害について詳しいと思われている人から言われたことには〝ショック〟というより〝憤り〟を感じたと言うべきかもしれません。

検査の結果は「赤緑色弱」というもので、理科系の職業に就くには困難があるが、絶対に無理ではないとも言われました。

3歳　どこに行くにもカタカタ

(2) 障害がなかったら

僕が高校生のころは、1980年代のバブル絶頂の時代でした。「売り手市場」などと言われ、学生が就職する企業を選択する時代でした。

当時の僕は、「手に職をつける」ことを考えていました。今では一人が1台ずつパソコンをもって仕事をする時代ですが、当時は「コンピューター」は特殊な装置という感じでしたから、コンピューターを扱うための特別な知識や技術が必要な時代でした。

高等部3年の1学期には高知市内にあったコンピューターソフトを開発する会社に実習に行き、夏休みにも2週間の研修を受けて、就職する気でいました。会社の方からも、「ぜひ来てほしい」という話もありました。

ただし、条件がつけられたのです。その条件は、「1年間、東京のあるメーカーのコンピューター研究所で研修を受けてくる」というものでした。今なら1年間の研修でも東京で暮らすこともなんとかできるのではないかと思うのですが、当時の僕にはその勇気がありませんでした。残念ながら断念せざるをえませんでした。

高等部3年の2学期になり、「もう後のない感じ」で就職活動に専念していました。

進路の先生、担任の先生、職安の担当の方から紹介された会社に面接に行くようにしていました。冬休みの直前まで、雪の降るなか面接に行きましたが、全滅でした。

最初に行った会社は、障害者を中心にしてコンピューターのソフトを作るという所でした。養護学校の先輩たちが二～三人いたのですが、立ち上げたばかりなので人はそんなに

4歳　母子入園

たくさん雇えないということでした。その後面接に行ったところでは、「障害がなかったら、明日からでも来てほしいが……」と言われました。つまり、「障害があるから雇わない」ということを公然と言われたことになります。「障害者権利条約」や「障害者差別解消法」がある現代ならどうなるのでしょうか。

高知県の県立高校や高等部の卒業式は、3月1日です。卒業試験も終わり、同級生たちと卒業アルバム作りが始まっても就職先が決まっていませんでした。

そんなある日、高知市内のクリーニング店へ面接に行くと、「どれだけ仕事ができるのかわからないので、実習に来てほしい」と言われました。

そして、実習の3日目の帰り際に社長さんから「3月のいつから来れる?」と聞かれ、卒業式の直前に就職が決まりました。

このとき、本当にうれしかったたし、ようやく就職が決まったという安堵感がありました。

クリーニング店は、2階にあった古いプレス機に変わって、僕が仕事をしやすいように安全装置のついたプレス機を1階に導入してくれました。

社長さんをはじめ、会社のみなさんが優しく迎えてくれました。

(3) 社会との出会い

このクリーニング店で、社会の厳しさを知ることになります。

この会社で、僕は、ワイシャツの襟とカフスをプレスする仕事をしていました。

5歳　〃一人暮らし〃中

クリーニング店は季節によって，忙しいときと暇なときがあり、その差も大きく、忙しいときは、朝早くから夜遅くまでやっても終わることはありませんでした。

そんなときは、パートのおばさんが手伝ってくれるのですが、僕が1日かかる仕事をパートの方は、2時間程度で終わらせてしまいます。僕には障害があるんだということを感じる日々が続きました。

しかし、障害がある僕を雇ってくれたので、少しでも長く勤めることが、他の障害者にも仕事の場ができると思い、踏ん張っていました。

3年が過ぎようとしていたころ、会社で僕に対して「仕事をさせない」「暴力」などの攻撃が始まっていました。ワイシャツのプレスはパートの人にさせて僕には「そこで座っておけ」と言うのです。また、男の社員からたたかれたり、アイロンで熱い蒸気をかけられたりすることもありました。

ある日、仕事もなく暇なのに、家に帰ることを許してもらえない日がありました。なんとか家まで命からがら逃げ帰りました。しかし、そのまま辞めることには少しためらいもあり、高等部のときの仲のよい友だちや友だちのお父さんで信頼できる人にも相談しました。そのとき、みんな「辞めてもいいよ」と言ってくれ、辞める決意をしました。

実家に帰り、実家から「退職願」を郵送しました。

その後、実家でいくらか休養をとって、アパートに帰り、自動車免許の取得に励み、なんとか免許を取得しました。

僕は、高等部のころから青年運動に関わっていましたから、自分の置かれている状況について、仲間たちに事情を話しました。そして、国家公務員の仲間から「失業保険がもらえる」ということを教えてもらいました。失業保険をもらうためには離職票が必要です。会社から離職票をもらっていないことを伝えると、「とりあえず職安に行きなさい」とアドバイスをもらい、職安に行きました。「僕から会社に連絡をとりたくない」と言うと、職安の方が会社に連絡をしてくれ、専務がアパートまで離職票を持って来てくれました。そして、失業保険の手続きをとることができました。

失業保険をもらうようになってびっくりしたことがありました。

僕は、働いているときにもらっていた給料は、月に6万円前後でした。そこから給食費分を引いて手取り4万円前後でした。その背景には、障害者は「最低賃金」法の適用を除外することができるという差別的な制度があるからです。制度や社会の理不尽に憤りを覚えると同時に、障害のない人よりも作業に倍の時間がかかる実態から、私自身に「障害」というよりも「欠陥」があるのだと思っていました。

失業保険の給付の最低日額は最低賃金よりも高いので、僕は働いていたときよりも高い失業給付を受けとりました。月に10万円を超すときもありました。また、障害者には給付の特別延長という制度もあり、約1年間にわたり失業給付を受けることができました。

僕を雇用することで、会社には、プレス機を整備する費用と僕の給料の一部を助成する補助金が国から出されていました。その助成期間が終わろうとしていた時期から攻撃が始

中1　応援合戦

まったことも背景にあり、強い怒りを覚えます。

(4) 障害を自覚することと受容すること

これまで述べてきたように、僕は5歳から18歳までを、施設や養護学校で過ごしてきました。

ここでの暮らしのなかでは、「障害」というものを感じたことがありません。なぜならば、まわりの大人以外は、みんながなんらかの障害をもって暮らしていたからです。

障害をもって暮らすということは、「できないこと」があるということです。

そこでの暮らしには「できないこと」をどのようにするかということが求められました。箸で食事ができない人はスプーンやフォークで食べる、コップで飲めない人はストローで飲む。同じことをちがう方法でするのです。

僕が施設で暮らしていたころは、ペルテス氏病や側湾症や関節脱臼といった、治療して、地元の小中学校に帰っていく仲間たちもいました。彼らと自分のちがいから「障害」と「できないこと」を自然に考えさせられることになりました。

僕が障害を「自覚」したのはクリーニング店での労働と生活のなかでしたが、障害を「受容」していく経過は、この施設や養護学校での障害をもつ仲間たちとの暮らしのなかにあったように思います。

養護学校では、スポーツも、一般的なルールや方法でプレイすることはできませんから、ルールと方法についてみんなで話し合いをするということがあります。たとえば，サッカーをする場合、ボールは普通のサッカーボールを使うとしても、車いすではステップで蹴ることもＯＫ。杖は手で持っているから「ハンド」ととるのか「杖は足の代わりだからＯＫ」とするのか。一人ひとりの障害の状態によって考えていくので、友だちの障害についてもみんなが一定の理解がないとルールを決めてプレイを楽しむことはできません。

このように、障害の「受容」には同じ障害をもつ者同士の関わりが大きな意味があるように思います。

（５）大切な当事者参加と実体験

僕はここ数年、「こうち人づくり連合」（高知県下の市町村で構成する職員研修をする一部事務組合）が開催する新採用研修の「人権研修」のなかで車いす体験を通してバリアフリーや障害者の生活について学んでもらう機会をもらっています。

前半は僕の体験談を話しています。体験談のなかでは、高知市の文化ホールと高知駅のバリアフリーに関して、どちらも「まちづくり条例」に適合しているが、設計段階から障害者団体等が関わり、工事中も現場で手すりの高さなどを決めた高知駅と、そうではなった文化ホールでは、使い勝手に格段の差があることなど、さまざまな場面で「当事者参加」が重要な意味があることも伝えています。

その後、実際に車いすに乗って「階段を降りる」「横断歩道を信号時間内に横断する」

高等部　授業中

「スロープで会場の1階から2階まで昇り降りる」という課題に取り組んでもらっています。（会場は県立の「青年の家」ですが、昭和に作られたため、エレベータがない）

階段を車いすで降りることは普通はないことですが、エレベータがないときの「介助」の仕方を学んでもらうために行っています。

実際にやった後、「階段は大変だった」「普段は何気なく渡っているのに、車いすで渡ると横断歩道の青信号の時間が短かった」「スロープは思ったよりもきつかった」などの感想が返ってきます。

スロープでは、実際に土木や建築現場で使う角度計（分度器）で傾斜を測ってもらい、「新バリアフリー法」や高知県の「高知県ひとにやさしいまちづくり条例」の規定に適合していることも確認してもらっています。

「車いす体験」をして、バリアフリーの大切さを実感してもらうことが、障害者基本法の「第二条」で「二　社会的障壁　障害がある者にとつて日常生活又は社会生活を営む上で障壁となるような社会における事物、制度、慣行、観念その他一切のものをいう」と規定されている「社会的障壁」を体験的に具体的に学んでもらうことが、バリアフリーな社会を実現するためのひとつの方法だと信じています。

僕の研修を聞いた方が、わが町に帰り「障害者用駐車場に屋根をつけた」とか「車いすトイレのカギを開けた」という話を聞くとやりがいのある研修です。

3　障害者運動に関わって

僕は、高等部を卒業してから全障研に加わり、学習会などに参加していました。

そのころ、「施設徴収金」の導入が起こっていました。学習会で、当時、日社労（現在の全国福祉保育労働組合）の高知地本の専従になったばかりの山下智切さんが講師をしていました。難しい話が彼独特のしゃべりでさらに難解でしたが、「福祉を商品にしてはいけない」「福祉の市場化はだめだ」ということだけはわかりやすく、今も鮮明に覚えています。そして、21世紀になった今、山下さんが言っていたことが、福祉を守るための最大の命題となっているように思います。

クリーニング店を辞めたころから、全障研高知支部の事務局や「障害者の生活と権利を守る高知県連絡協議会」（障高連）の事務局に関わりはじめたのが私の障害者運動の始まりです。誘われたということもありますが、クリーニング店を退職したことなど、自分自身の生活をよくするためには、運動に関わって障害者の置かれている状況を改善することが一番の近道だと思ったからです。

（1）僕も保育園に行きたかった

高知は「保育王国」といわれ、幼稚園よりも保育園が多く、保育運動が古くから盛んで

寄宿舎　夏まつり

す。また、障害者運動も盛んなことから障害児保育も1970年代の前半から取り組まれてきました。

そんな高知で、坂本靖さん、真理子さん夫婦の長女であるのぞみさんが、「ダウン症」であることがわかりました。靖さんは労働組合の専従、真理子さんは民間の保育園で保育士をしていました。真理子さんは、産休明けからのぞみちゃんを保育園に預ける予定で高知市役所の保育の窓口に入園手続きに行きました。一市民として当たり前の手続きに行きました。しかし、窓口では「障害児は3歳から預かっています。それまではおかあさんが身近で育ててあげてください」と言われたのです。

翌1992年の新年早々、全障研や高知県保育運動連絡会に真理子さんが所属する福保労など関係団体が集まり、「のぞみちゃんを保育園に入れる会」がつくられました。

4月から入園できるようにと署名活動に入りました。1ヶ月ほどの短期間で3万人を超える署名が集められました。

平行して実態についても調べていくなかで、「障害があるのかわからずに産休明けから保育園に入園しているケースが10数ケースある」ことや「障害があっても産休明けから預けている」というおかあさんから「新聞を見て運動のことを知りました。何かお手伝いを」という話もありました。

「入園の基準があいまい」ということが明らかになり、要するに「加配保育士の予算」が問題だということがポイントだとわかりました。

市の福祉部長に署名を提出し交渉する場面では、「僕も保育園に行きたかった。だからのぞみちゃんを保育園に入れてほしい」と市の部長にお願いしました。

運動の結果、のぞみちゃんは4月からの入園が認められ、保育運動や障害児保育に熱心に取り組んでいる保育園に入園しました。加配保育士のための予算がつかず、はじめのうちはカンパや物品販売などで捻出しましたが、夏ごろから市の予算で賃金を払えるようになりました。

この取り組みについて真理子さんは、1996年に高知で開かれた「第30回全障研全国大会」の文化行事のなかで報告し、「障害をもつ青年の『僕も保育園に行きたかった』という発言に勇気をもらいました」と語ってくれました。

そののぞみさんも、成人し高知市内の作業所に毎日通っています。

(2) 福祉医療を守れ

障害児・者が病院にかかった際の保険の自己負担分について都道府県や区市町村が助成する制度があります。各都道府県によって細部は異なっており、「財政難」とか「他の人との公平性を確保するため」という理由で改悪がすすめられています。

高知でも21世紀に入ったころ、「福祉医療」の改悪がされようとしました。

障害があると医療機関にかかることは多くありますが、この制度のあるおかげで安心していつでも病院に行くことができます。僕もこの制度を利用していましたから、他人事で

高3　高知新聞の取材を受けて

はなく、生活そのものに関わってくることでした。

改悪案の内容は、「所得制限を導入する」、「65歳以降に新たに重度障害者になった者は適用除外する」という2点が県の障害福祉課から提案されました。

障高連は、ただちに「改悪反対」という意思を表明しました。しかし、この改悪を阻止するには障高連だけの運動では到底不可能です。他の障害者団体にも呼びかけました。高知県身体障害者連合会や高知県知的障害者育成会とも連携する形で大きな取り組みが始まりました。署名活動のために高知市内の商店街に立ったり、県会議員への申し入れ、各市町村の首長への要請や市町村議会への意見書採択運動など、できることはすべてやろうと各団体が取り組みをすすめました。

運動がすすむなかで、各市町村側から「所得制限を導入するためには、所得調査が必要だが、多くの障害者は所得が低く、確定申告をしていない人が多く、所得制限を導入するための手間暇と新制度で減額できる予算は少なく効果はない」という苦情が県に入るようになり、当時の橋本大二郎高知県知事への署名提出と交渉のなかで、橋本氏は、「みなさんの制度は守りましょう」と所得制限の導入を「撤回」しました。

運動に関わったみんなで「よかったね」「頑張ったね」と喜び合いました。

残念ながら、「65歳以降の新規重度障害者の適用除外」は導入されました。対象者は制度改悪時はいないので、当事者不在のため「反対運動ができなかった」からです。

この運動を通じてできた共同の関係は、今も続いています。障害者自立支援法に関わる

「応益負担反対」の運動も温度差があるものの共同の取り組みができました。

（3）「2センチ」

障害者運動では、いろいろな障害をもつ者が協力しながらすすめることがあります。障全協や障高連は、障害のちがいを乗りこえて障害者の生活と権利を守る運動に取り組んでいる団体です。

視覚障害者と聴覚障害者が一つのテーブルを囲んで会議をするということは、大変なことです。聴覚障害者自身が手話通訳者を連れてきて会議に参加してくれることで、会議をすすめることができます。しかし、聴覚障害者の方からは「私と話をしたい人が通訳者をお願いしておくべきではないか」ということを提起されています。海外旅行での通訳のことなど考えると、一理あるように思います。

視覚障害者にとっては、歩道と車道の間に「段差」があることで車道と歩道の境を認識することができます。しかし、僕たち肢体障害者の車いすを利用している者にとっては、「段差」は大きな障壁となります。全国的に大きな課題となっていました。

団体の代表で何度も話し合いをして、出された答えが「2センチ」でした。車いすで問題なく通行できて、かつ視覚障害者が歩道と車道の境がわかる「段差」なのです。2センチの段差を越すことができない肢体障害者には電動車いすを支給すれば解決するのです。

運動をすすめるうえで、おたがいに障害を理解し合い、折り合いをつけて問題を解決していくためには、自らの障害を語り、相手の障害を理解し合い、協力して運動をすすめることに大きな意味があり、運動を強くするものだと思いました。

(4) 僕の運動の源流

「松本さんはなぜ障害者運動に関わるようになったのですか」ということを聞かれることがあります。ここですこし、松本をひもといてみます。

僕は1980年代前半に思春期を過ごしました。当時は、「金八先生」などでも話題になった「校内暴力」で学校が荒れていました。そんなことも影響していたように思います。僕のいた施設では、看護師のなかで腰痛などの「職業病」が増え、その原因が「子どもたちの障害の重度化」だと言われました。施設の労働組合は「公務災害」などの運動もすすめていました。僕たち子どもが見える組合掲示板に「もうこんな職場いや　汗、おしっこ、うんこにまみれて8時間　県職労〇〇〇分会」というものが貼り出されました。

僕たち子どもたちは、この表現に怒りを感じました。まるで僕たち障害児の存在が「腰痛」の原因かのような表現は許すことができません。

自治会として園長に申し入れをしたりしていると、自治会を解散させられたりしました。抗議の意味で消灯時間から病室にバリケードを作ったりもしました。話し合いもしましたが、曖昧なままで僕は中学部を卒業して施設を退所し、高等部の寄宿舎に入りました。高等部でも、生徒会活動は勉学よりもがんばっていたのかもしれません。しかし、「障害児だから」と授業をしてくれない教員にも出会いました。

　高等部2年の3学期のことです。生徒会で校長さんに「話があります」と申し入れをしました。生徒会担当の教員からは「私が伝えるので、私に話して」と言われましたが、「直接伝えたい」と校長交渉をすることができました。

　交渉の席で校長から「私がその先生方に話をします。全教員にも授業をきちんとしてくれるように話をします」という返事をもらうことができました。

　僕が高等部を卒業するとき、僕自身は、就職も決まらずにあせっていたときでしたが、校長から呼び出されました。校長は「私も君とともに退職する。あの先生らはどうですか？」と聞かれ、改善した先生、相変わらずの先生とありのままのことを伝えました。

　二人の先生は、人事異動の発表を見ると別の養護学校に異動していました。

　この中学部、高等部の6年間に関わった自治会活動・生徒会活動を通して培った自治の思想や社会への関心がなかったら、僕自身が全障研や障害者運動に関わることはなかったのではないかと思います。その支えは教職員組合で奮闘し、僕たちの取り組みを支援してくれた多くの恩師たちがいたことにあります。

　僕が高等部に入学した年、岡村敏彦先生が転勤してきました。

　寄宿舎の夕食後のひとときに職員室に行くと、岡村先生の姿がありました。はだしにゴム草履、破れかけたジャージ姿で、今まで出会った教師とはちょっとちがう雰囲気でした。この岡村先生から、社会のこと、障害者運動のこと、教職員組合のこと、高校生の自主的な運動のことをたわいもない会話の中で教えてもらったように思います。

卒業する直前に「社会に出たら悪いこと（社会的活動）したい放題ぞ」と言われました。社会人になってからも、いろいろな場面で一緒に行動しました。ひとつは全障研の高知大会の事務局です。もうひとつは、僕の作業所に毎日ボランティアで通い詰めてくれ、その後ＮＰＯ法人の理事として支えていただきました（あとで聞いたことですが、岡村先生は退職後、いろいろな施設から施設長をという声がかかっても断ってこられたそうです）。

岡村先生との出会いは、僕の人生の方向性を決める大きな出会いのひとつです。

素晴らしい人びととの出会いとともに、僕が障害者をもって生まれてきたことを周囲に隠すことなく、僕が行きたいところ、やりたいことをさせてくれた母や父、きょうだいの存在が社会という大海原にこぎ出すことを後押ししてくれたのだと思います。

＊

就職のときに「障害がなかったら」と言われたことがあり、僕自身、障害のない自分を想像することもあります。運動場で思いきり走ったことはないけれど、夢の中では走っています。（それもさっそうと）。でも実際は、障害を受け入れながら、生きてきました。

障害のない人を基準にすれば、僕には「できないこと」がたくさんあります。しかし、「できないこと」は、車いすで入ることのできない居酒屋があるとか、資格試験などで直筆しか認められないとか、環境や社会のシステムが排除していることが多々あるのです。

これまで歩んできた道を振り返ってみると、僕も成長したし、社会の障害者に対する見方や考え方も大きく変わってきたように思います。

僕が「訓練」を始めたときは、「痛い」ことをがまんして「健常者に近づく」ことが目標とされていました。訓練も障害のちがう者が一斉に並んで、腹筋や背筋のトレーニングや「歩行訓練」と称して施設から外へと散歩というか遠足のようなことをしていました。施設の外に出ることができたことはうれしいことでしたが、総じて忍耐の「訓練」でした。いつのころから変わったのでしょうか、今、僕が受けているリハビリは「痛くない」方法で「残存機能の維持」が目標です。

僕が歩んできたある時期から「ＡＤＬからＱＯＬへ」ということが言われるようになりました。「自分のことは自分でする」ようになれる「訓練」から「できないことは支援してもらい」「よりよい生活を送る」ことが権利として認められてきました。

僕は今「社会的な支援」として、毎朝ヘルパーさんに来てもらいシャワーを浴びて食事をとって社会的な活動をしています。この支援がなければ「社会参加」をすることはできません。

障害の受容は、障害者が社会に参加していくうえでは大きな役割をもっています。そして、社会を変えていくうえでも、大きな役割をもっています。

障害者運動のなかで引き継がれてきた「障害者は平和でなければ生きられない」という言葉の思いを今ほど感じるときはありません。障害者として、そして、一人の人間として、多くの人と手をつなぎ、すすんでいきたいと思います。

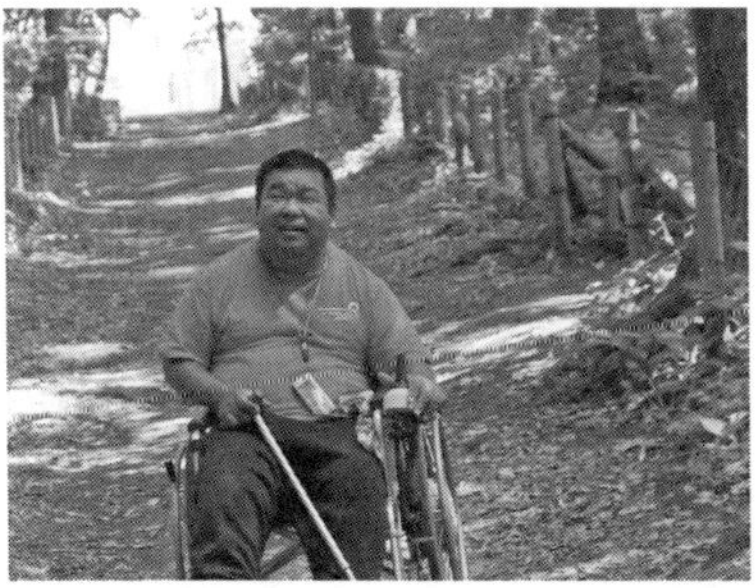

武蔵野を散策

死んでる暇なし

井上吉郎《いのうえきちろう》

僕の70年の人生（1945年8月18日、京都市生まれ）を障害で分ければ、「非障害者」（以下、健常者）として暮らした60年と障害者として過ごしている10年に分けられるだろう。もちろん、そして僕にとっては言うまでもないことではあるが、僕の人生にとって、障害の有無よりも大切なことがある。

その「大切なこと」がなんであるかは後ほどふれることにして、まず最初に僕の障害（時期と障害者になった経緯、障害の後遺症）を語ることにしよう。そしてその障害が僕に強いている「不便」を語り、「不便」を除去するためのたたかいと参加の様子を紹介しよう。最後にそうしたことを受けて今（2016年）やっていること、考えていることを述べよう。

1　障害者になった僕

（1）60歳で脳幹梗塞になる

2006年8月12日（60歳の終わり、61歳の直前）、僕は自宅で倒れた。脳幹梗塞だった。その日は夏の暑い日だった。この日、僕とつれあいは朝6時前に家を出て、ごく近くのターミナルで、男の人と待ち合わせていた。ターミナルは嵐電の白梅町駅、家からは歩いて5分というところにある。三人で、終点の嵐山へ行こうという趣向だった。6時過ぎの電車に三人は乗った。

93年　市長選挙

僕は、電車に乗る前から、もっといえば起床したときから、調子がよくはなかった。前夜のアルコールがからだに残っているからかな、そういう悪さだった。電車のなかでも、嵐山に着いたときも、僕は寡黙だった。三人で嵐山を散策した。説明好きの僕は、しきりにいろいろなことについて解説したようだが、時間の経過とともに、違和感が広がる。川のほとりが楽しくない。辛抱できなくなった僕は、散策を打ち切って、電車に乗ることを二人に提案した。川から駅までの途中、気分はますます悪くなった。嵐山駅に着くと、辛抱しきれなくなった僕は、腹のものをゴミ箱に戻した。電車に乗り、家に帰った僕はベッドにもぐりこんで、眠りこけた。午前10時くらいだろうか。

ベッドに伏せても気分は好転しない。好転しないどころか、悪くなる一方だった。「おかしい。どこかに異変が起こっている。数日前のめまいと関係しているのでは」、そう考えた僕は、10年ほど診てもらっている医者がいる病院に行くことにした。そう考え、自分の考えを述べてからの記憶はとだえている。夕方のことだろうか。

病院に運び込まれた僕は、処置をされたのだろうが、もちろん記憶していない。心臓の動きを明らかにする機械などより、「死んでしまう！」とのつれあいの叫び声の方が、僕には有効だったとは事後に聞かされた。「井上倒れる」で病院にかけつけてくださった友人知人には、今もお礼のしようがない。つれあいの叫び声もあって、僕は死から生への転換を果たした。

「手術は別の病院で」という主治医の意向で、救急車に乗せられて運ばれ、そこで手術

96年　市長選挙

を受けた〈救急車に乗ったという記憶は残っている〉。頭のなかの血管をいじったのだろう、手術後の何時間か何日間かの記憶はない。であるがゆえに、ベッドでどのようであったのかはわからない。目を覚ますと点滴の管があり、導尿管が通されており、おむつをはいていた。そして喉にはカニューレがあって、声が出なかった、みぞおちには胃ろうがあった。何日間はそうした状態が続いた。

正直なところ、自分の身になにが起こったのかがのみ込めなかった。つい先日まで、「元気」だった自分が大きな障害を受けたことがしっくりこなかった。先に12日に倒れたと書いたが、その2日前、僕は〈WEBマガジン・福祉広場〉の「編集長の毒吐録」で孫と二人の海遊びを以下のように書いているのだから…。

☆2日間の夏休みが終わった。先日、9歳児と二人、日本海に行って来た。夏に天橋立に遊ぶことがこの数年の習わしになった。同じ時期同じ場所に行っていると、お互いの変化がわかる◆プールでは我が物顔、背泳ぎ、平泳ぎ、バタフライ、クロールをそれぞれ100メートル泳ぐことは朝飯前と誇らしく語る彼だが、しょっぱくて、波があって、沖をみると果てが見えにくい海、時にはクラゲがふわりふわりと泳いでいる海になると、勢いは衰える◆以前は、あれこれと言い訳がついて、簡単には海に入ろうとしなかった彼だが、今年は自信満々、勢いよく海につっこんで行った。そして沖合に浮かんでいる浮き輪によじ登って何回も飛び込みを繰り返すようになっていた◆温泉に入り、ゲームを楽しみ、野外バーベキュー

96年　まちかどアクション

に食らいつき、アッという間に寝てしまった。日常は母との二人暮らしの彼だが、いわゆる子どもらしく育っている姿を実感した◆2日目は海釣り、朝5時起床、5時30分には船頭さん操る漁船に乗って沖合に出かけた。この時期狙いは砂地のキス、リールで20～30メートル下の底を狙って棹を操る。入れ食い状態、4時間で100匹ほどが釣果、外道にカワハギ、鯛、ベラ、タコなどが数十匹◆餌つけ、針はずしも何とかこなせるようになって、船酔いとも無縁、宿で作ってもらったおむすびをほおばって最後まで勢いは衰えなかった◆他方、この方は、寄る年波に勝てず、元気は元気だけれども、ついて行くのに精一杯、船頭さんに、「元気な息子さんで」と声をかけられたのが望外の喜び。麦酒を昼食時に飲んだら高速道路並に酔いが体中に走った◆釣りのあとの楽しみは魚の調理、2時間ほどかけて200匹近くをさばいて冷凍庫、冷蔵庫、鍋、魚焼き器へ。煮付けたカワハギ、キスの塩焼き、ベラの煮付けと鮮度を堪能した。1年元気で来年も来ようと指切りげんまんの約束。

残念ながら「指切りげんまん」は果たせなかった。そして僕は「障害者」として、61歳からの人生をあゆむことになった。

(2) 倒れるまでの僕の人生

次に、僕の「障害者」としての人生を理解してもらうために必要な（僕がそう思うこと）3点にふれよう。

加藤周一さんと

①僕は、「民主市政の会」に推されて京都市長選挙に、1993年8月（47歳）、1996年2月（50歳）、2000年2月（54歳）の3回立候補している。市民から20万票をいただいたたたかいだった。候補者としての活動をつづめて言うなら、話を聞き、自分の思うことを語り、クルマに乗り降りすることの繰り返しだった。車いす者で、言語障害があり、胃ろう生活の自分にはとても無理と思われた。

②1980年代の作業所とのしめ縄の取引、共作連全国集会京都開催のサポート、作業所との提携活動、1992年の「国連・障害者の10年最終年記念　マラソンスピーチ36６」のスタッフなどは、生協に身を置いていた僕も加わった活動だった。2000年代には、京障連活動に参加し、「応益負担」に反対し、障害者自立支援法に異議を申し立てる活動や学生無年金訴訟支援などなどの活動に加わった。この面では「健常者」と「障害者」のちがいはあるが、課題にちがいがなかった。ちなみに、障害者自立支援法違憲訴訟では原告の一人になったが、それは「障害者」が原告になったがゆえのことだった。

③僕とつれあいは離婚経験者同士の「結婚」で、入籍は2005年秋、「結婚披露宴」は06年6月のことだった。時系列でいうと、05年秋入籍、06年2月石垣島周辺の結婚記念旅行、6月「結婚披露宴」、8月12日脳幹梗塞ということだった。「健常者」同士の「結婚生活」は1年弱、つれあいの立場をいうなら、「介護」「介助」のための「結婚」ともいえよう。「幸せ」のはずだった「結婚」が「介助・介護」のそれになった。その、僕の「負い目」は、当時も今も鮮明に残っている。

(3) 嚥下障害のための手術とリハビリ

9月24日まで京都の病院で過ごした僕は、その後、岡山県倉敷市の川崎医大付属病院に転院、2007年2月18日までそこで暮らす。緊急時の治療が終わったので退院を迫られたからだ。

リハビリの場としては自宅と病院（施設）が考えられ、一度は京都の施設も決まっていたが、倉敷でリハビリを受け（友人の医師が、倉敷のリハビリが優れていると強調したため）、嚥下障害克服のために喉の手術をすることになった。

ついでに言えば、嚥下障害はじつに厄介な障害だ。脳幹梗塞のため、口からの食べ物摂取の代わりに、胃ろうからの栄養補給となった。身体の右半分の筋肉がマヒ・硬直していることから経口でない生活は今も続く。嚥下障害は見えない障害なので、人に理解してもらうのに困難を伴う。食べられないなんて贅沢なことを言ってという声も聞こえてくる。でも、口からモノが食べられない生活が無味乾燥で、人びとから孤立しがちなことを考えてほしい。食べることと話すことが交互あるいは同時にできないことの不便も想像してほしい。誤嚥しないように食べる不便は今も残っている。

2006年11月までの4ヶ月、話せない生活も続いた。喉を切開してカニューレを入れているからだ。コミュニケーションは、不便でまどろっこしかった。今も、言語障害が残っているが、よくしゃべっていた僕には、手ぶりや文字盤は苦痛だった。

岡山に行くとき、78キロの体重が50キロに落ちていた。顔つきも変わっていた。新しい人生が始まる、そんな思いだった。希望に満ちた人生でなく、絶望のターニングポイントだったように思う。そして、夢と現実をとりちがえることもしばしばだった。

☆

僕はこの倉敷の病院を含めて、この間の14ヶ月余の間に、6つの病院を経験している。京都民医連中央病院（1日間。担ぎこまれた）、京都第二日赤病院（40日間。手術を受け、リハビリが始まる。病状が安定して、障害を受けた身としての人生が始まる）、倉敷市の川崎医大付属病院（06年9月から07年2月までの5ヶ月間。OT、PT、STによるリハビリが始まり、導尿管がはずされ、口で話ができるようになり、脳梗塞を起こさないための投薬が始まり、病状が安定した時期）、大阪市の市立病院（07年2月から07年6月までの4ヶ月間。OT、PTによるリハビリ、気道閉鎖手術。嚥下障害克服のための自然治癒あるいは手術の見極め）、京都民医連第二中央病院（07年6月から9月の3ヶ月間。OT、PT，STによるリハビリ。在宅生活の準備）、京都第一日赤病院（9月から11月までの2ヶ月間。OT、PT、STによるリハビリと嚥下訓練）で、退院は07年11月だった。在宅治療とリハビリは今も続く。

病院では車いす生活を送り、本を読み、訪問客と話し、つれあいと語る生活を送った。合間にはテレビも見た。そして、看護や介護のスタッフと交流した。

しかしながら、十分にしゃべれないこと、よく咳き込んだこと、すぐに息があがってしまうことなどから、十分な意思疎通とはならなかった。その代わりに、物事を広く深く考

06年2月　石垣島

えた。

自分で自分のことを「病院評論家」と呼んでいるが、この間の入院生活で、医師が追求し、僕が思い悩んだのは、嚥下障害を克服（緩和）するために喉の奥を手術することだった。いや、正確にわかりやすくいうと、手術することを前提に、どこの病院が手術にふさわしいかということだった、自宅からの距離、手術の方法など、医師はていねいな説明をしてくれた。あとは僕の判断だった。口の中を手術することの危険も聞かされた。しかしながら、経口摂取が叶わない不便はたまらないものだった。ひょっとすると経口摂取が可能になるという誘惑は大きいものがあった。もちろん、医師は、喉の検査（嚥下機能を調べるため、バリウムを飲んで、それを造影する検査）をしてくれたが、何回やっても結果は同じで、嚥下反応（ゴックン力）は出なかった。

結論からいえば、手術を選ばなかった。喉の奥にワイヤーを入れる手術がこわかったからだ。結果、京都の第二日赤病院入院までの1年余、胃ろう生活を送った。

（4）僕の障害

脳幹梗塞の後遺症ともいうべき、今の機能障害を紹介しよう。

①右半身がマヒしている。だから外出時には車いすが手放せない。在宅時には歩行車を利用している。そして、座ることがままならず、畳（カーペット）の上での移動時はいざっている。しかしながら、一人でシャワーを浴びられるし、トイレも可能だ。

06年6月　結婚披露宴

②嚥下障害で飲食が限られ、胃ろうを装着している。胃ろう経由で、栄養剤と薬を入れてもらっている（理由は③）。牛乳などの飲み物はストローで飲んでいる。
③利き手だった右手が不随意運動をする。スプーンが持てないし文字も書けない。それゆえ、大きな注射器（シリンジ）で液体が吸い上げられないし、胃ろうのペグも扱えない。そういうこともあって、訪問看護を頼んでいる。
④言語障害がある。したがって、聞き取りにくいだろうと考えて話をすることがいやになる。小さい声でしゃべることが難しく、ひそひそ話ができない。どうしても声が大きくなる。
⑤右耳が聞こえない。聞き直すこと、右耳に手をあてることがしょっちゅうだ。
⑥右目の視力の衰えと視野狭窄がある。
　こうした「障害」が脳幹梗塞の後に残った。

☆

　入院生活と在宅生活のリハビリを通じて、「障害」は大元のところでは変わらないが、いささかの変化もあった。
①カニューレが外れて、声が出るようになった。おむつがとれて、トイレに行けるようになった。
　また、他人と一緒でないと浴びられなかったシャワーではあったが、椅子を工夫するなどして一人で浴びられるようになった。これは僕には「革命的」ともいえる変化で、僕の

06年6月　家族と

自由度が高まったのはもちろん、つれあいへの依存、つれあいの負担が軽減された。ちなみにいえば、このことはつれあいへの僕のバースデイプレゼントだった。
②手術することが前提だった嚥下障害対策ではあったが、「手術」を僕がためらっているときに、セカンドオピニオンを求めた大阪の医師が、「ゴックン力」回復のために努力し、「手術をしない道」をさがしてくれた。
しかしながら、経口で栄養を摂る道は誤嚥と背中合わせにあり、かつ口から摂れるものは豆腐など限りがあった。最後の入院生活を送った京都第一日赤病院ではＳＴの援助で経口摂取の訓練を行い、在宅でもつれあいやヘルパーの助けを借りて挑戦した。メニューに限りがあること、何度も誤嚥したことなどがあって、誤嚥で再度入院した病院の医師は、胃ろうの再増設をすすめた。「井上さん。基本になる栄養は胃ろうから摂って、経口摂取は楽しみにしては」と医師は言った（在宅になったとき、胃ろうを取っていた）。またまた胃ろう生活に戻ることに抵抗感はあったが、こうもたびたび誤嚥することのリスクもわかった。
③入院生活は「待ち」の暮らしだった。特に京都から遠く離れた倉敷のそれは、つれあいの顔も１週間に１回しか見られない状態だった。大阪も基本は変わらなかった。京都での病院生活でも「見舞客」だけが病室に来る。人を待つことに変わりはなかった。しかしながら、在宅生活は「待ち」だけではなかった。人は来るし、人に交わることもできるようになった。

07年　京都・第二中央病院で

2　不便とのたたかい

脳幹梗塞を起こしたとき僕は60歳を越えていた。もっと若ければちがった「不便」があっただろうが、そのとき、僕はそれまでとはちがう人生に足を踏み出そうとしていた。「60歳までは」と区切られ、僕も同意していたそれまでの数年（京都市長選挙の候補者としての活動の後、援助する人や団体があって、部屋や「給料」ももらっていた）とちがって、ＮＰＯ法人での活動に足を踏み出していた（ＮＰＯ法人の設立総会は倒れる２ヶ月前のことだった）。そういう条件下での障害であり「不便」だった。

以下、僕が経験した不便のいくつかを紹介しよう。

(1)　立ちふさがる壁

講座、芝居、コンサートなどに出かけると、主催者は「車いす席を用意しています」と言う。その席は最後部や最前列が多い。列の真ん中にはスペースがなく「利用できる」といったものが多数だ。また、階段は段差があって、スロープになっていない。前から後ろ、後ろから前に移動できない。建物の建築年代が古いほど、車いす使用者への配慮が乏しい。しかしながらごく最近の会場だから配慮が行き届いているかというと、そうでもない。

その会場は映写装置も付いていて、じつにカンファタブルだ。400人も入れるだろうか。車いす利用者は最前列脇に案内される。普通席の前だ。それを拒否すると最後列に行かねばならない。そこは車いす席でないらしくて、椅子の背中を眺めながら正面を観ることになる。椅子の後ろに張り巡らされている鉄柵の高さが車いすに座ると邪魔をして、視野を遮る。演者が見えないまま音だけ聞こえる。

しかも悪いことに、4つある階段はいずれも段差があって、後ろから前、前から後ろへ移動できない。さらに悪いことには、最前列と最後列は階がちがう。移動するためにエレベーターを使う必要があるが、エレベーターの乗降口ははるか離れたところにある。遠距離恋愛！　近くて遠い、音は聞こえるけれども姿は遠い。「設計思想」がまちがっているとこのようなことが起こる。

さらに言えば、車いす利用（僕のは電動のそれ。クルマのトランクに入る小型の電動車いす）に関する「意識」「見解」もこのような水準に留まっている。僕は、2013年5月28日の『京都新聞』〝窓〟の欄に、「電動車いすを乗車拒否」と題して投稿した（投稿した文章では会社の名前も書いた）。

> 5月中旬、京都市北区の白梅町交差点の北東を50mほど上がったところでタクシーをとめた。トランクを開けて降りてきた運転手は、僕の電動車いすを見て、「会社の方針で、電動車いすを乗せることを拒否している」と言った。介助者と僕は、別のタクシーに乗って目的

地に向かった。

　家に帰ってからそのタクシー会社に電話し、自分の名前と住所、電話番号も知らせて、電動車いすを乗せないことが会社の方針であるか否かを確かめた。電話の相手は、「会社の方針である」と述べた。／「車いすにもタクシーにも、傷がつく恐れがある」というのが理由だった。その時、「予約タクシーは別」と強調した。

　これまで、何十回となくタクシーを利用しているが、電動車いす拒否が会社の方針だということを運転手から聞いたことがなかった。だから、会社方針という点も初耳だった。／京都のタクシー会社はどこも同じ方針なのか、それともこの会社だけなのかを知りたい。もし、全てのタクシー会社が電動車いす拒否なのであれば、早急な是正を願いたい。

(2) 右耳の聴力がなくなって

利き腕だった右手が不随意運動をすることもあって、不便なのは電話。右耳が聞こえたら、携帯電話を耳と頭に挟んで相手の話を聞くことができる。右耳が聞こえないので、受話器は左の耳に挟む。しかし右手は不随意運動をするので左手に頼る。こんな格好をするのは、パソコンがトラブッたとき、電話機の先の人の指示にもとづいて治そうとするのだが、これが難しい。言われるごとに受話器を置いて作業をして、再び三度と電話機をとり上げるのだが…。

車いすに乗って外出する。ときには歩車分離でない道も歩く。片耳しか聞こえないので、背後の音がどこから来るのかがわかりにくい。遠近もそうだが左右もわかりにくい。判別がつきにくい。車が後ろから近づいてくるのは、音でわかる。しかしそれ以上の情報は伝わらない。後ろからの恐怖。ことは歩道での自転車でも変わらない。

片耳が聞こえないと、多人数の話が雑音として聞こえる。あるいは、音と声は聞こえるのだが、話者（音の発信元）がだれなのかがわからない。音と声が混じってしまう。とりわけ、聞こえる方の耳の耳元で誰かがしゃべってくれると、雑音も聞こえにくくなる。パーティのときなどのテーブルでの会話が、ほかのテーブルでの音にまぎれてしまって、困ってしまう。「静かに」とも言えないし…。

右耳が不自由だということは外からはわからない。だから、人は僕に語りかけてくる。当たり前だ。たまたま聞こえる方の耳であればよい。しかし聞こえない方の耳であれば、アンラッキー、コミュニケーションが成り立たない。大事な話であれば聞こえる方の耳を使ってもらうようにするのだが、そうでもないときは曖昧にうなずき、いい加減にうなずく。

歩車分離をしていない道を歩くとき、〝弱きもの〟をクルマの側とは違う側を歩かせる。ところが、僕自身は右の耳が不自由。したがって僕に話しかけようとすると左側＝クルマとは逆の側を歩くことになる。車いす利用者の僕は、クルマの側を歩くことになってしまう。危険がいっぱいだ。

(3) 嚥下がスムーズにすすまない

カラダの右半分が〝マヒ〟していて、マヒは頬から舌、喉の筋肉にも及んでいる。したがって、口に入った飲食物を食道にまで送り込むことが簡単にはすすまない。飲食物、とりわけ固形物を口の正面から口に入れられない。嚥下力(ゴックン力)が不十分なので、飲食したものが喉に残る。残ったものが気道に入り込むかもしれないので、残り物を吐きだすために、口にティッシュペーパーなどをあてて残っているものを吐く。

〝ゴックン〟が弱いので、口から摂れるものには限りがある。大きく分けると、液体とやわらかいものが食べられる。トースト、アンパン、カステラまではなんとか可能だ。しかしこれらも最後の嚥下、つまり飲み込むことができないので、吐くことになる。ここで困るのはその音。だらだらとでなく、一気に吐き出そうとすると、大きな音が出る。音は1回で終わらない。だから、吐き出すものは人の前では口に入れない。

飲むのに口の正面からは挑めない。したがってストローが手放せない。商品にも町の喫茶店でもストロー付きの飲み物が多くて、救われている。ムセないようにソロリソロリとストローから飲む。やわらかいものでも、やわらかさは千差万別、ドロリ具合が高いものは飲みにくいし残りやすい。あまりにもサラリとしていると、残りにくいがこれも飲みづらい(典型は水。同じ理由でアイスクリームも苦手だ)。

〝嚥下障害〟は外から見えない。かつ〝嚥下能力〟は、母親のおっぱいにしがみつくときから身についている。だから〝嚥下障害〟の不便さに想像が及びにくい。ある時期まで、嚥下ができないことは誤嚥性肺炎と結びつき、「死」と直結していた。「胃ろう」技術の開発で多くの命が助かった。

（4）胃ろうは不便

みぞおちに胃ろうの跡があって、その右側に胃ろうが鎮座している。嚥下する力が下がったことと誤嚥性肺炎のリスクを減らすことを目的として、胃ろうを再び作ってもらうことにした。2011年4月のことだ。いわば、基本的な栄養補給は胃ろう（「エンシュア」という液体）からで、口からの飲食は食べる楽しみとでもいうべきものだった。胃ろうからは昼と夜、朝食とおやつは口からだ。カロリーでいえば、1000キロカロリーを胃ろうから、700キロカロリー余を経口でということになっている。ちなみに朝食は搾りたての野菜ジュースで、トマト、セロリ、ホウレン草、リンゴなどでできている。これにバナナジュース。おやつにはミルクコーヒー、抹茶豆乳、飲むヨーグルトなど。

胃ろうのおかげで、介助者の負担が軽くなった、バランスよく、口から栄養を補給するのは大変だ。ただでさえそうなのに、嚥下障害があって、利き手でない左手だけで食べる（スプーンで）僕のようなものには、メニューにも限りがある。誤嚥を避けようとすればするほど限られたものになる。介助をしてくれた人（つれあい）の何年にもわたる苦労を思っている。

胃ろう再装着前は、飲食物を残すわけにはいかなかった。無理をしてでも食べなければ

16年6月　デモに参加

ならなかった。栄養価とバランスを考えたからだ。〝義務としての食事〟だった。しかし、胃ろう再装着後はちがう。たしかに胃ろう経由の栄養補給は味気ないが。それ以外の飲食は楽しめる。制限の多い楽しみではあるが、楽しみに変わりはない。

ところで、胃ろうが「延命治療」の技術であるかのような理解が広がっている。問われているのは「命」の理解であり、人間理解の程度だ、背景に「高騰する医療費」が横たわっている。長寿をそのままでは喜べない社会がそこにはある。僕の実感から結論を申し述べれば、胃ろう技術は「生の喜び」をもたらしてくれる技術ということだ。

胃ろうも見えにくい障害であり、見えにくいがゆえに誤解も広がる。それに人間理解が重なって偏見ともなる。

(5) 右眼が見えにくい

13年2月25日には、医師から「失明!」と言われてしまった。視力も乏しい。視野が狭い。上の瞼が垂れ下がっているので、車いすに座って人の顔を見つめようとするとき、顔全体を上に向けなければならない。顔面の右マヒが影響しているのだが、右目がつぶれない。つまり右目でウインクができないのだ。右の眼をつむって合図が送れない。深刻といえなくもない。半開き状態の右目は人を遠ざける。

本人が困っている点は2つ。

第1は、右目と左目の視力差だ。左目の視力は1・2ある。右は0・01しかない。こ

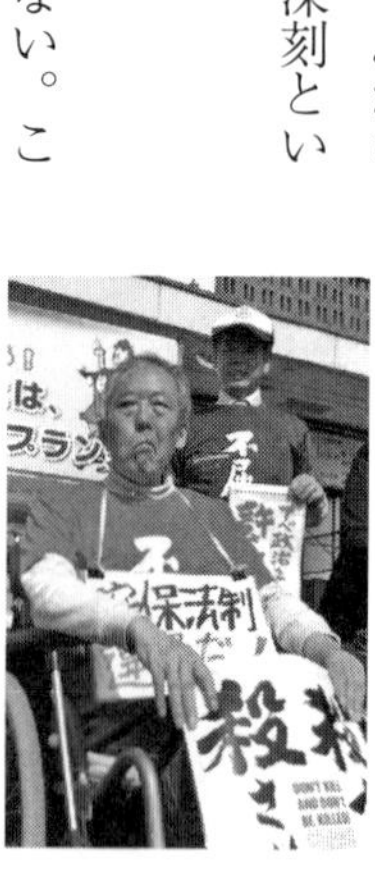

無言宣伝

のアンバランスが頭痛を引き起こしたり、持続力を奪ったりする。挙句の果てに右目は常にモヤがかかったような状態なので、モノが見えにくい。

第2は、上の瞼が垂れ下がっていることからくる視野の狭さだ。右の顔面がマヒしていることにも関わるのだが、視野の狭さを補うために、頭全体を動かせて視野の狭さを補っている。交差点での左右の確認は頭を左右に振っている。

3　脳幹梗塞後遺症とのたたかい

「障害者を締め出す社会は弱くてもろい社会だ」とは国連の言であり、障害者になる前からの僕の社会観でもある。市長選挙の3回とも、このフレーズを演説などで引用してきた。「足切りしない社会」「排除しない社会」をつくりあげるために力を合わせたい。これまで述べてきたように、僕は障害者となったのが第二の人生をあゆむ契機となったとは思っているが、生き方を変えようとは考えていない。

僕は、障害者になる前から、人の役に立ちたいと考えてきた。考えるだけでなく、そのようにふるまってきたつもりだ。市長選挙に3回立ったのもそうだし、そのあとの活動もそうだ。あるときには、主役もつとめよう。あるときには下支え役も引き受けよう。この立場は今も変わらない。

僕の日常は人の援助なしには成り立たない。援助を受けることで、自立した暮らしが営

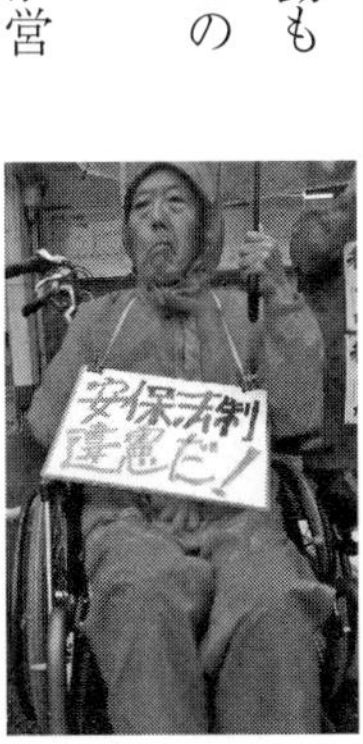

無言宣伝　雨の日も…

める。つれあい、訪問看護師、ＰＴ、往診医師、鍼灸師、外出支援のヘルパーなどの援助があるからこそ暮らしが成り立つ。依存することで自立できる。

冒頭で、「『大切なこと』がなんであるかは後ほどふれる」と書いた。障害の有無とは直接関係しないで、この国を「戦争する」国にするための動きが、立法を含めて急ピッチですすんでいる。主権者の一人である僕はこれを見過ごすわけにはいかない。自分の意思を表明する方法は多様だ。そうしたなかで、僕が選んだひとつが「無言宣伝」だった。

僕の身体条件を考えたとき、遠く離れた繁華街での「宣伝行動」には難点があった。また、言語障害がある身には、マイクを使っての街頭宣伝は不可能だった。そもそも相手に言葉が伝わらないし、長くも喋れない。室内で、僕の話を聞こうという人が相手だと、それなりに話ができるが、通りすぎる人の耳には届かない。さらに、利き手の右手が不随意運動をするので、チラシをまくのに困難がある。しかしながら、「特定秘密保護法」に不同意であること、廃止が望みであること、その考えは人一倍強い。マイクが使えない、チラシもまけない。しかしながら秘密保護法に反対だという意思は示したい。そんなことから「無言宣伝」は13年11月に始まった。

僕は「有名人」ではないので、「無言」の結果、多くの人が「宣伝」とは思っていないだろう。せいぜいで、「変わった人が、白梅町の嵐電ターミナルで、車いすに座っている」という認識だろう。

僕は「無言宣伝」がやりたくて始めたわけではない。「特定秘密保護法」の成立に抗議し、廃止をねがう思いを表明するための「戦術」が、僕の場合は「無言宣伝」だった。マイクを通じて、思いが伝えられたら「有音宣伝」を選んだだろう。13年11月から今日まで「無言宣伝」は、毎週月曜日朝9時まで70分ほど続けられた（おそらくこれからも）。前夜書いたプラカードを首からぶら下げての宣伝だった。当初は、〝ヒミツ〟のベールでくるみ、私たちの知る権利を罰則で縛ろうという悪法が相手だった。「障害」は社会へのアクセスをあきらめさせなかった。「無言宣伝」は集団的自衛権行使容認反対、戦争法反対、廃止とテーマは変化したが、そうした課題の前では、「障害の有無」は無関係だった。

病気になり、障害者となって、僕の立場、あるいは立ち位置には大きな変化があった。非障害者として障害者運動に関わっていた時期と障害者として障害者運動に関わる今とは、立場はちがう。しかし、めざすこと、ゴールは共通している。いっさい変わりはない。障害者しかできないこともあるし、健常者しかできないこともある。「連帯」を合言葉に、僕はすすむ。どこかで握手できることをねがっている。

12年韓国　肩を借りて展望台へ

【クロスインタビュー】

井上さんに聞く
×
松本さんに聞く

山口華楊記念室にて

井上吉郎さんに聞く

●インタビュアー　松本誠司

――僕が井上さんに出会ったのは、前の京都大会（1994年）のころでした。おつれあいの池添さんが市役所を退職し、全国大会の準備をすすめていました。マラソンスピーチ366[1]は、僕もしゃべりました。井上さんは、そこで「マイクを持ってくるオッサン」という印象でした。井上さんは、生協運動の中で障害者運動に関わるようになったと聞きましたが、生協という市民運動から見たときに、当時の井上さんから、障害者はどのように見えましたか？

■ろう重複の人たちのしめ縄作りとお母さんの涙

僕と障害者問題の関わりは、京都の綾部にある「いこいの村・栗の木寮」というろう重複の障害者施設ができたばかりのころでした。僕は当時、生協の職員でした。そこへ行ったときに、農協の職員が「井上さん、おもしろいことやっている人がいるよ」と紹介して

1　「国連・障害者の10年」の最終年（1992年）に有志によってはじまったとりくみ。京都駅前で行われた（内容は50ページで紹介）

くれたのが、京都市内から移ってきた野菜や稲を作る人。その方が聴覚障害者でした。農協が産直の相手として紹介してくれた方が障害者だった、ということなんです。

僕は1年目の冬にいこいの村の人に、しめ縄作りを提案しました。「うーん、作ったことないけど」と言いながら、ろう重複の障害者の何十人かが、しめ縄作りを始めてくれました。１９８２年か3年ごろだったと思います。12月29日から30日に、親ごさんと生協のお店でしめ縄を売りました。するとおかあさんたちが終わってから何人も号泣するんです。どうしてかというと、当時はまだ、重複障害者だからとか精神障害者だからとかで、病院暮らしを何十年も続けていた人もいた時代に、自分の子どもが作ったものが、まっとうに評価されて売られるということに、すごく感激されたからでした。僕は、高くもなく安くもなく普通に扱ったんですね。それがいこいの村の人からするとすごくうれしかったようでした。しめ縄作りは最近まで30年ほど続いて、売上は一億円ぐらいになりました。

こういうことがベースにあって、作業所と生協の提携の前面に立ちました。このころ共作連[2]ができて、作業所運動も活発になり、生協のほうでも、障害をもっている人たちと初めて出会うおかあさんたちがたくさんいました。当時、生協のおかあさんたちには、よく「きょうさくれん」ってまちがわれました。

2　共同作業所全国連絡会の略称。１９７７年に全国16ヶ所の共同作業所によって結成された。現在は「きょうされん」。

■学習、そして市民が自分の言葉で話すとりくみへ

京都の南から北まで学習会をしようという話が出て、全障研の協力も得て、全障研・生協・作業所で、京都府内の南部から北部まで7ヶ所で学習会をしました。大きい集会になりました。それで、共作連の第11回の全国大会を京都でやることになりました。その大会で生協の代表をしていた人が実行委員長になった。初めて作業所ではない人を実行委員長にした大会になりました。９００人のおかあさんたちがボランティアで参加。まだ多くの人は「きょうさくれん」と言うくらい、障害者というとおっかなびっくりだった時代に、です。これが、１９９２年の京都駅前の「マラソンスピーチ３６６」に続くのです。

マラソンスピーチ３６６の実行委員長は、夏目文夫さんという弁護士にお願いしました。彼は、重度の肢体障害者ではじめて司法試験に合格した人。そんな人に、実行委員長になってもらいました。朝8時半というと、みんな通勤通学で忙しいから、聞く人はいないわけですよね。でも、毎日交代でスピーチする人に、その内容を考えてもらうということに意義があった。そのうちに、だんだん輪が広がり、たとえば京大の落語研究会の女子学生が来てくれて、自分で座布団を持ってきて着物を着て、一席やってくれたこともありました。視覚障害の人がお琴を弾いてくれたこともありました。松本さんのように旅行者もいたし弁護士もいました。結局毎日一人と思ったのがだんだんだんだん増えて、スピー

チしたのは５００人くらいになりました。最終日の12月31日には数百人が集まり、ぜんざいを作ってくれた人もいて、街頭での大交流会になりました。

■障害者問題が市長候補を生み出した！

こういう10年間があって、障害者問題を一つの切り口にして、僕は93年・96年・２０００年の京都市長選挙に出ることになりました。だから、障害者問題が京都市長候補を生み出したと言うと、ちょっと言い過ぎかもしれないけれど、そういうことです。そのときに、京都駅近くの小学校で、障害者問題に限った昼間の個人演説会をやったんですよ。数百人集まってくれました。おかげで、障害者にも自分たちがつくった候補者という思いをもってもらえました。こんなふうに、障害者問題の真髄を演説していた候補者はそんなに多くないと

思いますね。「この人に政治の光をあてよう」とは言われるけれど、「この子らを世の光に」[3]であり、僕の場合は、「この人たちから世の中の光をもらおう」という思いでいました。僕もそのときには、障害者問題を演説できるぐらいにまでなっていたということです。そういうなかで、松本さんとの出会いもありました。

――すごい。障害者からの発信をもとに政治へチャレンジされたのですね。ところで、作業所の工賃ってあまりにも低いですが、当時どのように思われていましたか？

■僕の人生観を変えた「働けるんだ　私たちも」

今も低いですが、僕が障害者運動に加わったころは、作業所の工賃は1ヶ月1000円か1500円だったら御の字だった時代でした。その低さに愕然とすると同時に、作業所の仲間にメーデーに参加してもらったんです。メーデーは働く者の祭典でしょ。障害者も、自分のもっている力を全部発揮して働いているわけですよ。ところが、社会的評価はすごく低くて、労賃にならないような労賃になっている。なんで作業所では当たり前の賃金をえられないか、成果をえられないかというのが、今でも納得いかないんだよね。でもこれは、日本の障害者運動にとってみると、画期的な取り組みになりました。障害者って働けるの？　と思われていた時代に、作業所運動が切り拓いた「働けるんだ　私たちも」

3　糸賀一雄『この子らを世の光に――自伝・近江学園二十年の願い』柏樹社、1965年。

という革命的とも言えるスローガンが生まれました。このスローガンは、僕の人生観を変えたと思いますね。残念ながら生協の多数の声にはならなかったですが。

——井上さんの原稿を読んで、すごく医学的というか解剖学的というか、そんな感じがしました。僕の友だちもそうですが、中途障害の方は、「頸椎の何番と何番で、一つちがったからここまでできる」っていう話をよくします。僕たち先天性の障害の人は医者からそんな説明はほとんど受けたことがありません。そういう医学的な情報が、障害の受容に役立つのか逆に障壁になるのか、どう思われますか？

■障害を受ける前の自分を懐かしむ

京都の中途障害者の会でも全障研大会の中途障害の分科会でも、仲間の話を聞いていつも思うのは、やっぱり障害を受ける前の時代の自分を懐かしむということです。何番目の頸椎とか、飛び込んで脳挫傷したとか、つまり、あのときに自分がやらなかったらあんなことにならなかった、ということと裏返しなので、余計に詳しいんです。そして非障害者の時代の自分を懐かしんでいる。それは本当は惨めだったとしても、よかった自分なんです。よかったと映るんです。そこに栄光があるように思うんです。無言宣伝[4]をしていたら、見知らぬおじいさんに「あなたは偉い」って言われました。車いすの姿をさらけ出し

4　井上さんが白梅町の嵐電ターミナルで行う宣伝行動。44ページ、56ページで紹介。

てということなんだと思うけど、感心されているのか、馬鹿にされているのか……。でもよく考えたら、無言宣伝をやっている僕も、障害を受ける前の活動の続きみたいなもんですよね。障害を受ける前の自分は、栄光の自分なんですね。

以前車いすで走っていると、「あなた、車いすの運転うまいですね」って、女性に呼び止められました。その方のご主人は、障害を負った自分の状態を恥ずかしがって、家から外へ出られないんだそうです。中途障害者が閉じこもりっきりになる率は高いんじゃないかな。障害を受ける前の元気な自分は、なんでもできるように思えて、障害をもっている自分のできなさ加減に苦しみます。

僕も、自分にはないと思っても、やっぱりそういう面があります。僕は言語障害になったから、そうなる前の自分は上手に演説していたと思っているらしい。だれかが街頭演説をしているのを聞くと、みんな下手だと思ってしまう。自分が街頭演説してたときもそんなに上手じゃなかっただろうのにね。そんなときに、僕も障害をもつ前の自分を懐かしんでるなぁと感じます。中途障害者って多かれ少なかれ自分の今と昔を比べるんだよね。

——それ、わかるような気がする。僕も障害のない理想の自分みたいなのが心の中にあって、それと他人を比較して評価しているときってあります。失われたものと、もともと備わっていないものとはちがうけど。

ちょっと不しつけな質問になりますが、当事者になってからの人生観、障害者観は変わりましたか？　それから、「障害は迷惑か」ということが僕の問題意識にあるのですが、たしか井上さんも、「迷惑をかけたくない」というようなことを発言されてましたよね。そのあたりは、どう考えてるんかなあって。

■9月5日は一人風呂記念日♪

僕の障害を受けた年月も関係するんですが、僕は60歳のときに脳梗塞になって、障害とともに生きることになるんですね。僕は老齢年金の受給者の年代で障害を受けた。もしも40代に障害者になったら、また人生観が変わったし障害者観も変わったと思うんですね。「迷惑」ですが、僕が迷惑って言葉を使ったとしたら、社会的な問題ではなくて、つれあいと僕の関係でのことだと思います。たとえばお風呂。僕はつれあいのからだを借りたり、ヘルパーさんやナースのからだを借りたりして、お風呂に入っていて、そんな生活が7～8年続いていました。そのときに、これは迷惑をかけているなと思ったんですね。

つれあいと僕の結婚生活について言うと、僕は一緒に暮らしはじめて10ヶ月で障害者になった。まさかつれあいは、自分が愛している（愛しているかどうかは知らんけど）夫が、お風呂に入るときに、自分のからだを貸さないと入れないということは想像もしなかったと思うんだよね。そういうことの申し訳なさというか、迷惑というか、さっきの懐かしむっていうこととともからむと思うんだけど、いや、情けないのかな。情けないっていうのが正解かもわからんな。

これはなんとかしなあかんと思って、9月5日のつれあいの誕生日にサプライズで「今日バースデープレゼントがあるで」って言って、一人でお風呂に入りました。つれあいもほんまかな？　と思って見ていたと思う。そのときの達成感はすごかったですよ。とはいえ、非障害者のつれあいと障害をもっている僕とでは、いろんな場面でつれあいの力を借りないとなんともならない。

毎週の無言宣伝のことでも、僕は右手が不随意運動をするから不自由でしょ。スローガンを決めるのは僕で、書くのも一通り僕がやるんですけど、「戦争法廃止」って書くんですよ。細かいところは、できない。無言宣伝は月曜日の朝にするから、日曜日にスローガンを決めて書く。でもつれあいは、日曜日に遅く帰ってくるときもありますよね。今週だったら、つれあいは日曜日に埼玉に行くんです。つれあいが用事で埼玉へ行くのは当たり前のことだけど、僕からすると、「いやー、埼玉行くのはいいけども、次の月曜日のスローガンはだれが…」って思うわけ。で、彼女からすると迷惑かなって思うわけです。だって、彼女に頼まれて無言宣伝やっているわけじゃないから。おもしろいって言って、彼女はやっていますけどね。余計なことを頼んでいると思うと、共同作業にはならない。それでそういう日は、土曜日にやってしまうかなとか、金曜日だとまだ頭の中が切り替わっていないから早すぎるかなとか考えるわけです。お風呂もそうだし、無言宣伝もそうなんだけど、障害をもっていることで、迷惑と足引っ張りになりたくないという意識は強いですね。

――お風呂でいうと、迷惑かけたくないという気持ちもあるだろうけど、池添さんを喜ばせたいって気持ちが強いんよね。でも「社会の迷惑」ということになると話はちがうよね。

井上さんは、障害者自立支援法が施行になるとき、「誠司くん、自立支援法違憲訴訟[5]をしよう」と言われました。僕はなれなかったけれど、井上さんは原告になって、歴史的な和解勝利を勝ち取られました。自立支援法ができて、応益負担になって福祉が壊されました。一度は廃案になったのにまた国会に出され、この法律ができた経過についても僕は腹が立ちます。でも同時に、国会の歴史の中で、障害者のことがメインテーマになったということについては、積極的な意味もあると思っています。これまでの法律は、障害者が知らないところで審議されていたけれど、自立支援法のときやその後の裁判では、障害者が当事者として積極的に関わっていた。司法の場にも車いすの姿があったり盲導犬や手話通訳が入ったりしたのも20世紀にはなかった。そういうところでは、大きな意味があったと思うのですが。

■障害者が戦後民主主義を初めて実感した

おっしゃるとおり。僕は原告の一人として、障害者自立支援法を問題にしてきました。歴史を長い目で見ると、日本で障害者は、かわいそうだとか劣っているとかいうように扱

5　「障害のある人が生きるために必要な支援やサービス利用の応益負担は障害者福祉の本質に反するものであり、憲法違反である」。２００８年10月31日、全国８地裁で国に提訴し、最終的には全国14地裁に71名が提訴。２０１０年１月７日、国との基本合意が締結され、和解した。

われてきたように思います。でも、1981年の国際障害者年[6]が大きな転機になりました。障害をもっている人も社会の一員だということになりました。それを具体的な形で実践したのが、この自立支援法違憲訴訟だったと思います。それまで障害者は、社会からケアされることはあっても、社会をケアするとか社会をまっとうなものにするとかいうことは、そんなに多くはなかったでしょ。この訴訟の主体には、障害者本人がなったわけです。

先日言われたんだけれど、「井上さんたちが応益負担に反対だって言ったときに、多くの社会福祉の分野ではすでに応益負担が当たり前になっていた。障害運動から応益負担反対だと声があがったときに、なんと時代遅れなと思ったけど、応益負担に問題があるということに気づかされた」って。障害者運動からすると、それまでの成果もあって、どうして障害をもっているのにお金とられないといけないのかと、障害者自己責任論に憤りがあったんだよね。そんな運動が垣根を越えて他の分野と結びついたのが、あの訴訟だったと思います。だから、国際障害者年と自立支援法違憲訴訟と、最近では障害者権利条約、障害者が主体的に社会に関わるようになった歴史は、このように大きな流れで見た方がいいと思います。障害当事者が主体になることで、障害者が戦後民主主義を初めて実感したという感じです。さらに僕の場合で言うと、このころ障害者になった。僕自身も当事者性をもつようになりました。どうだ！　って感じでね。

東京では毎年、日比谷公園で1万人規模の集会をしています。80年代に国際障害者年が

6　国際連合が指定した国際年の一つ。1971年「精神薄弱者の権利宣言」、1975年「障害者の権利宣言」を採択したことに次ぎ、これらを単なる理念としてではなく社会において実現するという意図のもとに決議された。

世界から降りてきたときには、たぶんそんなに一人ひとりの当事者が受けとめられる力がまだなかっただろうから、こんなに集まらなかったと思いますよ。自立支援法で、障害者団体や障害当事者たちが当事者性とか市民性とかを獲得したということです。これは障害者権利条約にもつながります。そして、シールズに代表される、今回の戦争法の若ものたちや市民の運動のさきがけですね。運動の質的な大きな変化だと思います。そういうなかで、僕は障害者運動に参加してよかったと思います。

松本誠司さんに聞く

●インタビュアー　井上吉郎

――松本さんが、自分が「障害者」だと思ったのはどういう場面ですか？

■社会に出て突きつけられた「僕の障害」

障害児施設とか養護学校にいたときは、あまり「障害者」という自覚はなかった。小さいときに、家族の中で僕だけが施設で暮らさんいかんと知ったときには、僕には障害があるんだ、障害があるからみんなと離れて暮らさんといかんと思ったことがあるけれど、それ以外はとくに…。それが、就職してからとか就職活動中とかで、「障害がなかったら雇ってあげるよ」というような話があったときに、自分の障害っていうのをすごく感じたと思う。

――松本さんは、障害者と非障害者には、どのような「壁」（バリア）があると思いますか？

■バリアは障害当事者から破っていくもの

バリアという言葉が適当なのかどうかも考えないといかんけど、バリアはないわけじゃないと思う。でもそのバリアをつくっているのは、障害者の側か非障害者の側かって考えると、一概に言えないというか、全障研の仲間といるときなどはたぶんバリアはないし…。だから僕は、バリアがあるとしたら、僕の方から取り除くべきだと思ってる。障害者の側から働きかけないと、バリアはなくならないような気がするんよね。

僕は電動車いすで近所を歩いているときは、だいたい会う人には挨拶しています。そういうことがバリアをなくす一番の近道かなと思って、この「一声運動」をしてる。そうすると、「こんにちは」って向こうから声をかけてきてくれることもあります。続けていくと、僕はどこのだれだかあまりわからないけれど、その人は僕のことをよく知っているという感じにもなってきたりして。高知は南海大地震がやってくると言われているから、そのときに助けてもらうためにも、ふだんから顔見知りになったりなかよくなっていないといけないなと思っています。バリアはないとは思うけど、あるとすると障害当事者の方から破っていくものだと思っています。

——松本さんの社会的発言は貴重です。それは障害者としてのものですか？　国民の立場としてのものですか？　それとも混ざったものですか？

■一国民として…かな

当事者でしか言えないことがたくさんあって、それが貴重な意味のあるものって思うこともたしかにあります。でも、それは障害者である松本ではなくて、混ざっているという表現がいいのか、一国民としての松本がたまたま障害をもっていて、障害をもっているから一国民として生きるためにこうしてほしいということを発言しているという感じです。だから、障害者だから声をあげているわけではなくて、一国民としてやっていると僕は思っています。

——松本さんは「差別」、とりわけ「障害者差別」について、どのように考えていますか。

■展覧会は順番どおり見たいです

障害者差別のことでは、「障害がなかったら雇ってあげる」って言われたときに、あれは障害者差別かなって思ったけれど、じつはそれ以外にはあまり思ったことはないんよね。

障害があることで学校に行けんかった時代ははもちろんそれが差別だったろうし、今も作業所の工賃の低さも差別的な扱いだと思う。でも、日常では、障害が理由の差別って、なにがあるんやろう？　差別じゃないけど、配慮？　いや、区別はされているかなというところで言うと、たとえば、ディズニーランドやＵＳＪなんかのアトラクションで、障害者だけ別のところから入るっていうのがありますよね。文化ホールやコンサート会場とかでも、健常の人は階段を上がって降りるのに、車いすの方は別ルートっていうのも、けっこうある。でも、その場をみんなで共有したいというのが、コンサートなり演劇なり映画なりの大事な要素ですよね。それが、「車いすの方はこちら」となると、空間や時間を共有することにならないいんじゃないかな。階段を上がって暗いところから広いところに入るっていうのも、その空間や時間を共有するという意味で、すごく大事なアクセスだと思うけど、僕たちはそういう空間や時間は共有できないようになっていることが多い。区別やけど、楽しみを奪われているのかなと思うことはあります。あと、駅で貨物用のエレベーターで上がるところがあって、僕たちは荷物なの？　って思ったこともありました。

東京に行ったときに仲間とよく行く上野の美術館は、エレベーターで下って一般とちがうルートから入るんだけれど、そこは一般のお客さんが最後に訪れる展示の所なんよ。そこからカーテンを開けて出発地点へ向かう。下手すると、最後の絵が見えてしまうこともあります。展覧会の主催者は見せる順番も考えて展示するでしょ。それなのに、最後の展

示を先に見なければならないというのは、やっぱり「不便」というか「差別」というか「区別」というか。う〜ん。ちょっと納得いかないというか、そういうことを感じることはたくさんあります。

――松本さんは障害者運動のリーダーです。障害者運動に参加してもらうときに、「障害者差別」は切り口になりますか？

■障害者差別は運動の切り口にはならない

全くならないと思っています。僕は、障害者差別をなくす運動をしているのではありません。障害者が暮らしやすい町とか社会とかをつくる運動をしているつもりです。そのときどきで、障害者差別を解消することが要求になることはあるけど、やっぱり、運動の間口を広げるのに、障害者差別は切り口にはならないいな。

――京都では長い間、障害者の代表みたいな人が障害者施策を牛耳った時代が続いていました。そういうときに、差別論が出るんです。部落解放同盟[1]もそうだけど、錦の御旗みたいに。それでは世の中の考え方は変わらなかった。障害者差別論で障害者問題はほとんど動かなかったんじゃないかな。

■あらゆる差別がなくならない限りは…

僕も「差別」という言葉には、やっぱり部落問題のイメージがあります。高知でも差別禁止条例を作る動きがあったとき、その中心となった人は、「部落民以外は差別者」というの論理を持ち込もうとしたんよね。まずそこがちがう。そして、その人たちは差別する者、される者、という枠組みを先につくって、行政からお金も引き出して運動しつづけようとする。そもそも僕たちは、差別はなくしたいと思っているわけです。差別がなくなると困るような差別禁止運動って、僕の思いとちがうことは明らかです。

じつは僕は、差別禁止法を作らなくても、憲法や障害者基本法で本来は解決されるべき問題なのじゃないかなあと思っている部分もあるんよね。

障害者だけが差別されているわけではなくて、社会の中にはもっといろんな差別がありますよね。パワハラとかマタハラとかだって。その差別が全部なくならないと、ほんとの意味での「差別のない社会」っていうのはないんじゃないかなって思います。

1　全国水平社の精神を受け継いで1955年に結成。しかし、1960年代後半になると「部落民以外はすべて差別者」とし、反対勢力を組織から排除。同時に「窓口一本化」の名で行政からの利権を独占するために暴行・監禁など無法な「糾弾」闘争で県や市町村など自治体を動かす。

――松本さんは肢体に障害を抱えていますが、どういうときに、不便と感じますか？

■不幸じゃないけど不便は四六時中

不便は感じます。いろんな場面でほんとに一日中。たとえば今日ここ（高知から京都）へ来る時にもいろいろと。

今日はこのインタビューが終わって夕方4時から宴会をやることになっている。宴会がなかったら、僕は自分の車で高知駅まで来て駐車場に車を置いて、京都まで来て、また帰ります。けれど、宴会があると車は運転できないから、高知駅までだれかに送ってもらわなければいけない。介護タクシーは朝7時半にお願いしたかったけど、その時間はもう別のお客さんが入っていて、6時半なら行けますって言われた。6時半に家を出ようとすると、今度はヘルパーさんに来てもらう段取りをする。ヘルパーさんは5時半やったら行けるって言うから、そうしてもらった。お酒飲まへんかったらええって言われそうやけど、それはやっぱり楽しみやし。このように日々、不便を感じています。今度、車の車検があって、普通は代車を借りられるけれど、僕のは改造してるから代車はないとか…。

でも、障害は不便だけど不幸じゃない！　とも思ってるんです。

――同感。でも、障害があることで悔しい思いや悲しい思いをしたこと、障害を恨んだことはなかった？

■兄貴の結婚話、そして僕の恋は…

あとから聞いたことなんやけど、兄貴が結婚を約束していた人がいたらしいんやけど、その結婚相手の家族が興信所を使って僕のことを調べて、結婚の話がなくなった、って。それを聞いたときは、悲しいというより、悔しかったかな。なんでだよ、僕と関係ないやん！　って。でも兄貴は、そういうことを理由にするのなら、結婚しなくてよかった、と言ってくれたんやけどね。

僕のほうは…。好きになった人はたくさんいますが、あたって砕けてばかり。片思いばかりです。で、その原因は、僕の障害にあるのか、僕自身の他のことにあるのか、どうなんかなあと悩んだことも多々あります。

結婚したいと思ったこともあります。結婚したり、子どもができたら世界が変わるよ、とまわりの人が言っていたのを聞いて、ほんまかなあと興味もあったというか。

最近は、しんどいときに一緒にいてくれる〝特別のお茶飲み友だち〟がいてくれればいいなあと思ってます。

――「障害は迷惑か」ということでいえば、障害者の存在が迷惑なのか、その行為が迷惑なのか、ということも考えたりします。松本さんはどうですか？

■障害者運動の究極の目標

電車やバスに乗っても、僕は迷惑かけているとは思ってはいないけれど、まわりに乗っている人は、本当は迷惑だと思っているんじゃないかと思うことがあります。ある雑誌には、それは昨今の恐怖政治が原因だと書かれていました。僕は「恐怖社会」って置き換えたらいいなと思って。たとえば、貧困とか貧困の拡大とか自己責任とか、やっぱり今の政治の流れでは、あんたらが福祉でお金を使うことで、私らの税金上げられて。それって迷惑でしょって言われることがあります。そういう人たちに、僕たちはどうはたらきかけていくかが大事で、それが障害者運動のこれからの一つの大きなテーマかなって思っています。だから僕の原稿にも、逆差別になるような運動ではよくないと書きました。障害者だけが豊かになるとか、自由になるとかってことはありません。国民みんなが豊かになるとか、一人ひとりが大事にされるとかっていう社会が、障害者運動の究極の目標ですよね。昨今の情勢では、差し当たり戦争法廃止が大事なところになるかなって思っています。

――松本さんは僕より20歳以上若い。障害者運動の目標だけでなく、自身の日々の楽しみや幸せな時間も聞かせてもらえるとうれしいな。

■食べて、呑んで、好きな本を読んで

楽しみは、食べることと呑むこと。料理の下ごしらえはヘルパーさんに頼むけど、あとはだれにも束縛されずに、自分で好きなものを好きなように作って食べる。それがなによりの楽しみです。

あとは、本を読むのが好きです。雑誌も新聞もしっかり読みます。読むのもわりかし速いほうなのでたくさん読める。貧乏だけど、本は自分で買うとる。これは自慢できるかな。子どものころはそんなに買ってもろうてなかったけど、図鑑を買ってもらったのがうれしかった。ボロボロになるまで何度も読んでました。読む本のジャンルは、ノンフィクションが多い。本を通じて知らないことに出会う。世界が広がる、幸せな時間です。

「障害」と「差別」と「迷惑」をどう考える

～障害者権利条約と国際生活機能分類（ICF）の視点から

木全和巳《きまたかずみ》

少し長い前置き

この本に執筆し、おたがいにインタビューし、それに答えあったのは松本誠司さんと井上吉郎さんです。松本さんは、生まれたときから脳性マヒにより肢体機能に障害があり、電動車いすを利用されています。高知県を拠点に障害者運動に邁進されています。井上さんは、健常者とし生活協同組合活動や社会活動、そして、障害者運動をされていましたが、脳梗塞が原因で、中途の機能障害[1]を負いました。嚥下障害があり、胃ろう、半身マヒで車いすを利用しています。ついでに、わたし自身も、50歳のときに、直腸がんとなり、排泄機能に障害を負いました。みなおじさん世代です。ですから、ここには、若い当事者とか女性当事者という視点は、ありません。この視点については、今後の大切な課題です。

この本をとおして、考えてみたことは、3つありました。

1つめは、生まれたときから障害のある松本さんの機能障害や障害の受けとめと、中途障害を負うことになった井上さんとでは、機能障害や障害の受けとめは、どのように異なるのか？　という松本さん自身の疑問の発展です。こうした受けとめのちがいは、お二人のライフワークともいえる「障害者運動」への関わりにおいて、どのようなちがいをもたらしているのか？　松本さんから井上さんへの問いかけとしては、受障（傷）前と受障（傷）後では、どう変わったのか？　特に「障害者運動」への関わり方について、どのようなちがいが生まれたのか？　というものでした。

ここにわたし自身の問題意識を重ねていくと、2000年以降、国際生活機能分類（I

1　「機能障害」とは、生き物としてのヒトのからだがうまくはたらいていないことをいいます。からだは、脳や目や鼻や耳や手足や心臓や肺などから成り立っています。そして、それぞれのはたらきをもちつつ、つながりあいながら、わたしたちのいのちを支えています。この「機能障害」という言葉は、正確には、「身体の構造と心身機能の障害」です。わたしたちを形づくる身体の構造（つくり）の一部が欠損するとその機能も果たせません。たとえば眼球がなくなると目は見えません。指がなくなるとモノをつかむことができません。脳の構造に欠損が起こると欠損の部分によっては、手足や味覚などがうまくはたらかなくなります。身体の機能だけではなく、考えるはたらき、モノを覚えるはたらき、感情を制御するはたらきなどもうまくいかなくなることがあります。こうした生物としての

CF）となり、新しい障害者基本法の定義にも影響を与えた、障害（ディスアビリティ）を、機能障害（インペアメント／ディスオーダー）と社会的障壁（バリア）との相互作用による生活の困難として理解する枠組みをお二人が理解する過程をとおして、ご自身の機能障害や障害の受けとめにどのような変化をもたらしたのか？　ということがあります。率直に言うと、ＩＣＦは、当事者たちにとってどれだけどのような力となったのかということです。ならなかったとすればどうしてなのかということも含め、機能障害のある当事者や支援者にも、問われている大切な問いであると考えています。

　２つめは、以前井上さんにお話をうかがった折に、「障害者差別」という言葉を使うことに、井上さんは、疑問を投げかけていたことを覚えています。松本さんも「差別」という言葉とこれにまつわる運動に対して否定的な考えを述べられました。「障害者権利条約」では「差別の禁止」が確認され、「障害を理由とする差別の解消の推進に関する法律（傍点筆者）」でも「著しい差別的取り扱い（不均等待遇）」と「合理的配慮の不提供」を「差別」と定義しつつ、その禁止ないしは解消を位置づけていますが、お二人は、それぞれこうした「障害」と「差別」の問題について、経験も踏まえながら、現在、どのようにお考えなのかをぜひお聞きし、わたしもあらためて、この点について考えを深めていきたいと考えました。

　わたしは、暴力を伴う糾弾の時代をくぐり抜け、あらためて「差別」という言葉が、「他の市民との平等」という人権の視点から、障害者運動にとって、歴史的な検証をしつつで

からだまるごと（身体と精神）のはたらきがなんらかの原因でうまくはたらいていないことを「機能障害」といいます。「障害」というよりも「不全」というべきでしょう。

　注意しなければならないことは、「障害」とは異なることです。「障害者権利条約」の「障害者」の定義を引用します。川島聡＝長瀬修仮訳です。「障害（ディスアビリティ）のある人には、長期の身体的、精神的、知的又は感覚的な機能障害（インペアメント）のある人を含む。これらの機能障害は、種々の障壁と相互に作用することにより、機能障害のある人が他の者との平等を基礎として社会に完全かつ効果的に参加することを妨げることがある」とあります。これで明らかなように、「障害」と「機能障害」を区別しています。ちなみに「障壁」（バリア）という社会環境の考え方を取り入れたことは、とても意義があります。

すが、重要な概念となりつつあるし、していく必要性を感じています。インタビューでは、この点はまだまだ深めが足りていません。「差別」論抜きで「権利条約」は語れないからです。この点についても、ていねいな振り返りが必要な時代にわたしたちは生きています。[2]

そして、3つめとして、この本のタイトルにもなった「障害は迷惑か」という問いかけです。このテーマは、2015年の3月に、ゼミ生をつれて、池添素さんのところにうかがったことがきっかけでした。このとき、池添さんだけではなく、井上さんにも、お話を聞くことができました。井上さんには、このとき、ご自身の体験と現在の生活のようすをお住まいも見せていただきながら語っていただきました。

わたしのなかである種のショックだったのは、井上さんの「パートナーの池添さんに迷惑をかけたくない」という言葉でした。この言葉は、池添さんにもショックだったようで、その後もこの「迷惑」をめぐって、あれこれと池添さんとお話をしてきました。井上さんは、パートナーである池添さんに「迷惑をかけたくない」と、着替えやトイレの工夫をされていました。池添さんは、そう思われないように介助の工夫をされてきました。池添さんの「(井上さんが)コップを洗おうとするなど、要らんことをするのも迷惑」という言葉も、わたしには印象的でした。当事者になってからも、障害者の生活と権利を守る運動の先頭に立ってきた井上さんでも、「迷惑をかけたくない」という言葉を使うのか。池添さんへの愛情表現であったとしても、もしかして、自分を奮い立たせる言葉だったとしても、わたしにはこの言葉のもつ意味を深く考えさせられる出来事でした。ここでは、

2　差別論と全障研運動
全障研の結成大会（1967）の「大会宣言」には、「障害児者の生活破壊、権利はく奪の事実を出しあい、障害児者のうけている差別は、それだけで存在するものではなく、現実の社会における多くの矛盾・差別とその根元を一つにしていることをあきらかにしました」「差別をうけている障害児者が要求をかちとるために自らたたかい、さらに、地域、職場、地方自治体、中央権力に対するたたかいのなかで、父母、労働者などと広範に統一してたたかわなければならないことをあきらかにしました」という文言があります。初代委員長の田中昌人は、1967年発行のパンフレット「新しい障害児教育の理論と実践―差別を克服し教育権をかちとるために」の中で、「「発達・差別・歴史」の実践関係的視点の吟味が要請されている」として、「差別の打破」と「新しい権利を

家族のような親密な関係における「迷惑」という言葉の使われ方ですが、社会や世間においては、もっと重い言葉で、当事者たちの行動と生活に縛りをかけています。

松本さんに関しても、気になるエピソードがありました。池添さんも交えての場面で、このテーマで話をしていたときに、松本さんの体重のことが話題になりました。「介助をする人のことを考えると、もう少しやせた方がいいのでは?」という発言です。自分の健康のためではなく、介助をする人のことを考えて、という発想と、この「迷惑」談義が、わたしの中で結びついていきました。やせるのは、自分の健康や自分をどう見せたいかという自分のためであって、介護をする人たちに負担をかけるからという理由を支援者視点で強調するのは、どうしてだろうと思ったからでした。ヘルパーなどの利用と「迷惑」との関係となります。私的な生活を公的な支援を受けてということになります。

お二人のこうしたいくつかのエピソードに出会いつつ、「迷惑」ってなんだろうと、自分なりに考えてみたいと思ってきました。そして今回、この本をみなさんとつくるというよい機会をいただきました。

(1) 「障害」と「差別」と「迷惑」と「障害者問題」

こうしたエピソードは、お二人だけの問題ではなく、現在の日本の障害者問題を考えるうえで、じつは、この「迷惑」という言葉は、深めるに値する大切な言葉のように思っています。生活弱者と呼ばれている人たちが周囲に「迷惑」をかけたくないと思い、周囲の

創造すること」を対比させ、「障害児の発達は運動の中で保障されていく」ことを強調しています。その後の歴史的な経過を踏まえつつ、現代の視点から、権利条約の理解も含め、わたしたちは「差別」、特に「機能障害」と「障害」にもとづく「差別」について、新たに学び直さなくてはならないでしょう。

人たちもこうした人たちのことを「迷惑視」することを当然のように意識にすり込まれています。この意識が、当事者たちに「生きづらさ」をもたらすとともに、当事者の周囲にいる人たちも、自分もあのようにはなりたくないと、思わせます。「不自由」ではなく「不幸」のレッテルが貼られます。「幸福追求」をあきらめさせ、「個人として尊重されるという」憲法にもうたわれた「人間の権利」である「人権」意識を萎縮させるような働きをこの「迷惑」という言葉がもっているように思われてなりません。

わたし自身は、こうした「人間の権利」の侵害や蹂躙を「差別」ととらえているのですが。「合理的配慮を提供しない」ことが差別であるならば、「迷惑」をかけるから合理的配慮を求めない、迷惑だから合理的配慮は必要ないということで、「迷惑」と「差別」とのつながりも、深めていく必要があると思います[3]。

「障害者権利条約」を批准したにもかかわらず、権利条約の言葉が、一人ひとりの当事者の生きる力になかなかなりえていない大きな要因の一つが、この言葉の奥に隠されているかもしれないと、直感的に思ったのでした。一人ひとりのかけがえのない人生と生活の充実まで含め大切にすること、つまりは「個人として尊重する」という「先進国」では当然とされる「人間の権利」という意識や認識が、日本社会の中ではなぜ根づいていかないのか？　という疑問とも重なります。

深沢七郎の短編小説『楢山節考』の主題でもあった「姥捨て山伝説」につながる当事者ならではの後ろめたさ感覚。加齢にともないだれもが機能障害をもつようになります。こ

3　「迷惑」と「排除」と「優生思想」

優生学とは、ダーウィンの徒弟であるゴールトンが1883年につくり出した言葉で、ギリシア語の〈よい種（たね）〉に由来します。この優生学のもとになっている「不良な遺伝子を持つ者を排除し、優良な国民のみを残して繁栄させるという思想」が優生思想です。社会的ダーウィニズムとも呼ばれます。機能障害に関する遺伝要因を重視し、優良遺伝子を持つものを繁栄させ、劣等遺伝子を持つものを減少させるという政策につながります。具体的には、不妊手術、婚姻の禁止、出生前診断などが挙げられます。こうした思想は、20世期初めには、アメリカなどでは、断種法として政策化されました。1933年には、ナチスドイツでは遺伝病子孫予防法が施行され、多くの障害者がT4計画の中で収容所に送られています。日本においては、

れは介護保険との統合を強要する「65歳問題」にもつながります。「機能障害があっても堂々と生きる」という「当事者主権」の感覚と対極にある「迷惑をかけたくない」という言葉の背景をていねいに探ることは、意味があるのではないか。格差が拡大し、貧困層が増大していく現代日本社会にあっては、本人たちの「生きづらさ」と「迷惑」という言葉は、根深く関連しつつあるのではという問題意識です。「一億人総活躍」の活躍の仕方は、税金を使うだけの迷惑をかける人はおとなしくするのが、その人の活躍の仕方という発想が根底にあるように思えてなりません。

約35％が疾病・障害者世帯でもある生活保護へのバッシング、在日や難民の人たちに向けるヘイトスピーチ、さらにフリーターを働く気がない若ものと決めつけるなど、それぞれの置かれた状況を個人の自己責任とする憎悪と悪意に満ちた言説や行為などに触れるにつけ、わたしたち一人ひとりに説得力のある言葉の紡ぎだしが必要であると感じます。

そのうえで、当事者としての生き方と支援者との関係、なんらかの気づきや学びがえられるような、そんな本をつくってみたいと、考えるようになりました。じつは、障害者総合支援法で実施されているサービス等利用計画を作成している相談支援専門員たちとの事例検討会のときにある相談員が提出した、一人暮らしを始めた精神障害の青年がアパートの自室のある2階のベランダからゴミや服を頻繁に投げてしまうという事例のテーマが、「地域の人たちに迷惑をかけないようにするための支援」であったことも、わたしには強く印象に残っていました。

戦前から続いていた優生保護法が、１９９６年に母子保護法に改正され、「優生上の見地から不良な子供の出生を防止する」という項目はやっと削除されました。しかしながら、科学技術の発展により簡便に遺伝子検査が行われるようになり、出生前診断における機能障害のある可能性による中絶の是非が社会的倫理的な問題となっています。

こうしたテーマは、短い紙面ではとても論じ尽くすことはできませんが、お二人のそれぞれの手記とインタビューを読み深めていく手がかりになることをねがい、「障害」と「差別」と「迷惑」とにまつわるあれこれをつづってみます。

(2)「迷惑」という言葉

「迷惑」という言葉は、多義的です。愛用している『新明解国語辞典』(第6版)では、「その人がした事が元になって、相手やまわりの人がとばっちりを受けたり、いやな思いしたりすること(様子)」とあります。新明解さんらしい語釈です。

もともと漢字の「迷惑」の「迷」は迷うこと、「惑」は惑うこと。迷うは、「決断がつかないでぐずぐずしたり」、「行くべき方向がわからないさま」を意味します。惑うは、論語の「四十にして迷わず」にあるように、平常心を乱すようなことに心を奪われる、どうすればよいかわからないのでおろおろする様子を表しています。それがいつのまにか、「迷惑」となると、ある行為がもとで、他の人が不利益を受けたり、不快を感じたり、負担に思うことに変化をしてしまいました。「人様に迷惑をかけるようなことはするな」という言葉が、日本人の心情には染みついています。わたしも同様です。「書類の遅れなどで大学の事務の人に迷惑をかけない」がわたしのモットーですから。井上さんが池添さんに対して使われている「迷惑」は、「負担や心配をかけたくない」という意味でしょうか。

和英辞典で「迷惑」をひいてみると、現代的な使い方がよりはっきりします。面倒なことである〈trouble〉、文字通り迷惑なものやひとを表す〈nuisance〉、より具体的に不便さを強調する場合は〈inconvenience〉が使われるようです。「迷惑行為」として、〈annoying behavior〉、「迷惑駐車」には、〈thoughtless parking〉と「考えなし」という形容が印象的です。反対に〈nuisance〉を英和辞典でひくと、「はた迷惑」「いやな」「いらいら」「じゃま」のような日本語になっています。〈annoying〉は「いらいら」「うるさい」「うっとうしい」という意味が書かれています。

(3)「公共の福祉」と「迷惑」

次のような意見を『朝日新聞』の投書（２０１５年12月30日）で読みました。辻直也さんという高校の教員の意見です。

「髪を染めたり、ピアスをしたりすることが、なぜいけないことなのか。『校則で決まっている』『学校にふさわしくない』『体を傷つける』など、教員は様々な理屈を並べたてる。／しかし、それは『あるべき生徒像』という教員の私的な好みや趣味を、子どもたちに押しつけているだけではないだろうか。『我慢を教える』と言って正当化するのは、戦中の国民服やパーマ禁止を彷彿（ほうふつ）とさせる。あしき統制主義でしかないと思う。／学校で徹底しなくてはならない社会のルールというのは、『他人に迷惑をかけない』という公共の福祉の考え方の範囲内であるべきだ。／茶髪やピアスなどについては、本人の決定に委ねる以外にない。それが、憲法13条が要請している個人の尊重の精神である」。

他にもいろいろな意見があったのですが、わたしはこの辻さんの意見がよかったと考えながら読んでいました。ここで課題にしなくてはらないのは、根拠になっている「学校で徹底しなくてはならない社会のルールというのは、「他人に迷惑をかけない」という公共の福祉の考え方の範囲内であるべきだ」。という「他人に迷惑をかけない」と「公共の福祉」[4]という考え方でしょうか。

『毎日新聞』２０１６年元日号のトップ記事の見出しは、「憲法改正 災害想定『緊急事態条項』の追加から着手の方針」。そして、二面に「透ける『お試し改憲』緊急事態条項 他党支持得やすく」という解説記事が出ていました。

気になって、もう一度、『自民党の改憲草案』を読みはじめました。すると、Q＆Aに「迷惑」という言葉を見つけました。「『公共の福祉』を『公益及び公の秩序』に変えたのは、なぜですか?」のところです。このQ＆Aは何度も読んだことがあるはずですが、そのときは「迷惑」という言葉に注意を払っていなかったので、読み飛ばしたのだと思います。少し長いけれども、こんな内容です。「【自民党の答】／従来の『公共の福祉』という表現は、その意味が曖昧でわかりにくいものです。そのため学説上は『公共の福祉は、人権相互の衝突の場合に限って、その権利行使を制約するものであって、個々の人権を超えた公益による直接的な権利制約を正当化するものではない』などという解釈が主張されています。／今回の改正では、このように意味が曖昧である『公共の福祉』という文言を『公益及び公の秩序』と改正することにより、憲法によって保障される基本的人権の制約

4 「公共の福祉」と「社会防衛思想」
　社会防衛思想とは、治安を優先して、健全で健康な国民の生活を守るためには、精神障害や知的障害のある障害者や感染する疑いのある病者などは、社会から隔離や排除をすることは当然のことであるという思想です。この思想を理屈づけるために、「公共の福祉」という概念がよく使用されています。
　日本においても、公衆衛生分野においては、１９９６年に廃止されたらい予防法、１９９８年に感染予防法に改正された伝染病予防法やエイズ予防法などの対応の発想となっていました。特に、らい予防法は、戦前の帝国憲法下における富国強兵政策一貫としての１９３１年の「らい予防法」による隔離政策が、敗戦後、日本国憲法下において、有効な治療薬が発見された後も半世紀にもわたり続けられた人権侵害の施策でした。ら

は、人権相互の衝突の場合に限られるものではないことを明らかにしたものです。／なお、『公の秩序』と規定したのは、『反国家的な行動を取り締まる』ことを意図したものではありません。『公の秩序』とは『社会秩序』のことであり、平穏な社会生活のことを意味します。個人が人権を主張する場合に、他人に迷惑を掛けてはいけないのは、当然のことです。そのことをより明示的に規定しただけであり、これにより人権が大きく制約されるものではありません」。　出た出た「迷惑」です。この改憲草案自体、わたしには大きな「迷惑」なのだけれど、そこは少し置いといて、素直に読めば、「他人に迷惑を掛けてはいけないのは当然」という文脈の中で「迷惑」という言葉を使うことによって、この文言の改定は、「人権の制約」ではないということを主張しています。「大きく制約されるものではない」とありますが、「人権」つまりは「人間としての権利」は、「大きく」はもちろん「小さく」も制約されていけないはずです。うがった見方をすれば、「他人に迷惑を掛けてはいけない」という「迷惑」という日本人にはなじみの言葉を使うことによって、国家による「人権」の制約を正当化しようとしています。「迷惑」は手強い。こんなところにも登場します。「公の秩序」とは「社会秩序」のことという使い方にも注意が必要です。「パブリック」と「ソーシャル」は意味が異なります。これは、またの機会に。

(4)「機能障害のある人」と「迷惑」

このような「迷惑」という言葉が、機能障害のある人たちの生活と行動に関連して、い

い予防法下では、子どもを産むことも禁止されており、優生保護法による堕胎も行われました。

ろいろなところでとりあげられています。

たとえば、２００９年につくられた『ぼくはうみがみたくなりました』（監督：福田是久）という自閉症の青年と出会った看護学生が体験する一日を描き、自閉症をとりまく現実に迫った映画があります。この映画で、自閉症の青年が泊まる旅館で他の家族と一緒に食事をする場面がありました。この青年が他の家族の子どもが持っていたミニカーに興味を示して、断りもなく触れたので、この家族のおとうさんが、「このような青年をこうした場に連れてくるのは迷惑だ」と怒ります。じつは、原作者の山下久仁明さんの息子さんが自閉症の青年で、15歳のとき、散歩中にＪＲの線路に入り、亡くなっています。このとき、「知的障害の子を一人で行動させ、ＪＲや乗客に多大な迷惑をかけた」という非難がブログに殺到して、炎上したという出来事がありました。映画のパンフレットには、「大声をあげる。砂をかける。自閉症児の家族は大変です。迷惑になるからと近所の公園やスーパにも行けずに、家に閉じこもっている親子がいかに多いか」と書かれていました。

ここでは、知的障害と自閉性障害を合わせもつ人たちの「迷惑」の議論です。井上さんや松本さんのような精神機能ではなく身体機能に障害のある人たちへの社会的障壁については、少しは理解が深まってきました。でも、精神障害のある人たちも含めての理解しにくい「大声を出す」「スーパーでものを並べ替える」などの行動は、「迷惑」と考える人たちも多く、なぜ連れてくるのだ、しつけがなっていないと思っている人も多いでしょう。

機能障害がある場合は、「公共の福祉」との関係でどこまで「迷惑」でないのか？という問いに変換できそうです。この場合は、家族のような私的な関係の場合と問題を区別しないといけません。「迷惑」と感じる行為が、機能障害によるものかどうか？「迷惑」と感じる他者がなにを迷惑と感じているのかどうか？そもそも「公共の福祉」とはどのような考え方なのかという整理も必要です。あとで話題にする、今から40年前の車いすは「迷惑」というドラマの話はさすがに今の時代ではそのまま通用はしないでしょう。でも、自閉性障害であれば、家族や支援者が行動を制御できない場合、被害を受けた個人は、「迷惑」だと考えるのではないでしょうか。

「時間や約束を守らない。借りた物を返さない。まわりの人たちにいやな思いをさせる。こんなことが迷惑をかけること。困ったときに助けてもらう。つらいときや悲しいときに慰めてもらう。これはお世話になることだよ。迷惑をかけたら『ごめんなさい』。お世話になったら『ありがとう』。2つの言葉を繰り返しながら大人に近づく」という言葉を見つけました。この言葉そのものは、納得できるものです。しかし、そこに本人の現在の能力ではどうしようもない行為が「いやな思いをさせる」ような行動となるのが、機能障害のある人たちの「迷惑」の問題です。このどうしようもない「能力」と「障害」の問題は、深くつながっています。

「公共の福祉」という言葉は、ひらたく言えば、「みんなのしあわせ」です。「みんな」というのは「一人ひとり」。機能障害を理由に「みんな」から排除することは、「差別」です。憲法13条は、だれもが「しあわせ」になる権利を保障しています。「一人ひとり」の

「しあわせ」がぶつかったときに、一番弱い立場の人の「しあわせ」をまずは大切にしよう。力のある人は「しあわせ」を独り占めしない。ましてや弱い立場の人の「しあわせ」を踏みにじらない。これが「公共の福祉」の考え方ではないでしょうか。もう一度、「迷惑」と「公共の福祉」と「人権」と「差別」について、考え直したいものです。

(5)「障害」という言葉

障害とはなんなのかという理解は、当事者自身が生きていく過程において、それぞれの節目において、自分の障害をどのように受けとめていくのかというときに、大きな影響を与えます。こうした受けとめは、当事者だけではなく、ともに生きている家族にとっても大切な課題となります。そして、こうした当事者や家族を専門職として支える医師、看護師、保育士、教師、ソーシャルワーカーが、支援実践をするときにも、対象としての障害の理解は、重要な視点になるでしょう。もちろん、身のまわりのさまざまな機能障害のある当事者との出会いがない、出会ってもその出会いやつながりが、よい印象ではなかった、つらかったということがあると、「障害」に関する意識は、否定的なものとなりがちです。

松本さんも参加されていた2015年の暮れの全障研の学習会で、社会事業大学の佐藤久夫さんが、「障害」の理解について、ていねいに話されていたことを思い出します。

「障害者権利条約」を批准するために改正された「障害者基本法」では、障害者を「身体障害、知的障害、精神障害（発達障害を含む）、その他の心身の機能の障害（以下『障害』と総称する）がある者であつて、障害及び社会的障壁により継続的に日常生活又は社会生活に相当な制限を受ける状態にあるものをいう」と定義しています。本来であれば、「以下『障害』と総称する」と次の「障害」は、「機能障害」（インペアメント／ディスオーダー）にしなければならず、「障害及び社会的障壁」も「機能障害及び社会的障壁」の誤りだと思います。そして、相当な制限を受ける状態を「障害」（ディスアビリティ）とすべきだったとも。

佐藤先生も解説されておられましたが、ほんらいのＩＣＦの「障害」（ディスアビリティ）は、相互作用の考え方であり、権利条約の「障害」（ディスアビリティ）概念は、「参加制約」に重点が置かれ、「基本法」の「障害」理解は、「機能障害」に重点が置かれている、と。このときに「社会モデル」という言葉の使われ方が2種類あり、1つは、純粋にすべて「障害」は社会よってつくられるという考え方と、もう1つは、相互作用も含めての統合的な考え方も社会モデルと呼ばれているので、混乱をしているというお話でした。この点は、わたしも同感です。

もちろん、ＩＣＦの障害理解が全面的に正しいと考えているわけではありません。「障害」を社会生活の問題として把握しようとするときの「環境要因」や「個人要因」の把握の仕方において、「資本」「労働」「階級（層）」「貧困」という社会科学の見方が十分ではないという批判もあります。

（6）「共感的理解」と「ＩＣＦ」

わたし自身は、機能障害のある子どもたちや人たちの生活を支援していくときに、教育や療育なども同様ですが、「共感的理解」ということがとても大切だと考えています。どのように理解するのかという対象理解と、なんのために支援をするのかという支援目的、どこまで支援をするのかという支援目標、どのように支援をするのかという支援方法などは、相互に関連しています。このときに、機能障害のある具体的な名前をもった人格としての子どもを共感的に理解することが、支援実践の基本だと思います。

共感的理解というのは、あなたのこととしてあなたのことがわかりたい、そんな力をつけたいという支援者のねがいを当事者に伝え、実現しようとする行動です。そのためには、年齢、性別、生育歴や家族背景、生活環境とともに、そもそも「障害」とはなにか、そして、「機能障害」の特性とはどのようなものであるのか、機能障害と発達の関係などの支援者による理解が欠かせません。そして、「障害」とはなにかについて考えていくときに、ＩＣＦの理解は必要です。当事者として、「障害」を受けとめていくときにも、同様です。そしてなによりも、対話や学びや支援などの働きかけをとおして、おたがいの行為を生活の背景も含めて、読み取り合う相互作用をしつつ、深まり合っていきます。

井上さんと松本さんとのインタビューで興味深かったところは、松本さんの「井上さんの原稿には、医学的説明が多い」という指摘と、井上さんの「非障害者の時代の自分を懐かしんでいる。それは本当は惨めだったとしても、よかった自分なんです。よかったと映るんです。そこに栄光があるように思うんです」という応答です。「備わっていないもの」と「失われたもの」のちがいはありましたが、松本さんも「自分が自由に歩いている夢をみる」という話をされました。「僕も障害のない理想の自分みたいなのが心の中にあって、それと他人を比較して評価しているときってあります」という言葉も。共感的に理解するということのひとつには、たとえばこのようなこころの動きがあるということがわかるということからはじまるのではないでしょうか。

「能力」との関連でいえば、「障害」というのは、機能障害のある人が自身の機能障害と社会的障壁との関連で、自分の能力を十分に発揮できていない状況、というように考えることもできそうです。

(7)「障害」と「迷惑」と「差別」

やっとここから「障害」と「迷惑」と「差別」の関連について、考えていけそうです。やはり、「障害者権利条約」の「差別」の定義からはじめましょう。

「障害に基づく差別とは、障害に基づくあらゆる区別、排除又は制限であって、政治的、経済的、社会的、文化的、市民的その他のあらゆる分野において、他の者との平等を基礎として全ての人権及び基本的自由を認識し、享有し、又は行使することを害し、又は妨げる目的又は効果を有するものをいう。障害に基づく差別には、あらゆる形態の差別（合理的配慮[5]の否定を含む。）を含む」とあります。「他の者との平等を基礎として全ての人権及び基本的自由を認識し、享有し、又は行使することを害し、又は妨げる目的又は効

5　「合理的配慮」とは、「障害者が他の者との平等を基礎として全ての人権及び基本的自由を享有し、又は行使することを確保するための必要かつ適当な変更及び調整であって、特定の場合において必要とされるものであり、かつ、均衡を失した又は過度の負担を課さないもの」をいいます。

果を有するもの」は、すべて「差別」です。そして、詳しくは展開できないですが、「合理的配慮の否定を含」めてです。

「障害者　街を歩くな　電車に乗るな　社会に出るな　迷惑だ」

「障害児を普通のクラスに通わせてる親に聞きたい。／貴方達は人の迷惑を考えないのか？／自分の子供さえ良ければそれで良いのか？」

こうした標語？や問いかけ？は、もう削除された可能性がありますが、ネット空間の中で、わたしが見つけたものです。よくここまで書くな。自分や家族だって「機能障害」を負う可能性があるのに。当事者が読んだらどのような気持ちになるのか、考えたことはあるのか。などなど、この本を読まれる方は、当事者に近い方たちなので、悲しみや怒りがわき起こることでしょう。ゼミにいる本人やきょうだいには、いたずらに傷つくことが多いから、匿名のネットの書き込みに一喜一憂しないようにしようねとよく語りかけます。

松本さんが、脳性マヒということなので、まずは、１９９４年と少し古いですが、松兼功さんの『障害者に迷惑な社会』（晶文社）をとりあげてみます。この本のタイトルにもつながる「障害者に迷惑をかける社会、かけない社会」は、松兼さんが、１９９１年にスウェーデンを当事者たちと訪問をしたときに考え抜かれ、紡ぎだされた言葉です。松兼さんのエッセイの一部を抜き出してみます。

「障害者が電車に乗るために、日本では余計な待ち時間を要求されたり、駅員さんの案内を義務づけられたりすることについて、／『障害をもちながら行動しているのだから、それぐらい仕方がない』／と考える人が多いだろう。私自身、以前は同じような理由で、ある種の諦めを覚えていた。しかし、スウェーデンに着いて、そんな状況を何人かに話すと、障害のあるなしにかかわらず口を揃えて、／『日本の障害者は、社会からずいぶんひどい迷惑を受けているんだね』／彼らの言葉は、私の既成概念を心地良く粉砕してくれた。考えてみると、私たちの周囲には障害者が社会に迷惑をかけるという思考はあっても、社会が障害者に迷惑をかけているといった発想はなかった」。

このエッセイで使われる「障害」は「機能障害」のこと。20年前のエッセイですが、社会的障壁が機能障害のある当事者に生活の困難をもたらしているのは、当事者にとって権利の侵害であり、本人たちも構成員である「社会」が、本人たちにも「迷惑」をもたらしているというひっくり返した発想で、「迷惑」のとらえ返しをしています。

続けて、松兼さんが中学生のころ、NHKで放映されていた『車輪の一歩』の話をこんなふうに書いています。「警備会社の監査役を演じる鶴田さんが車イスの青年にむかって、／『君たち（障害者）が外へ出て行こうとする時、まわりの人たちや社会に〝ぎりぎりの迷惑〟をかけることを恐れてはいけないと思う』／と言うシーンがあった。／その言葉は当時、中学生だった私の心を激しくゆさぶり、そのあとの生き方に少なからぬ影響を与えた。ここでいう〝ぎりぎりの迷惑〟とは、たとえば、そびえ立つ駅の階段や歩道橋を前にして、道行く人に『すみません、手伝ってください！』と声をかけることであったり、バスなどの乗り降りの際、周囲の人たちに余分な〝待ち時間〟を共有してもらうことだったりする。／国際障害者年をきっかけに、日本でも車イスで支障なく行動できるような街づくりが進められてきているとはいえ、あのドラマから二〇年余りが過ぎた今でも、〝ぎりぎりの迷惑〟をかけることを強いられる場面は日常茶飯事である。それだけ、日本の障害者が社会から大きな迷惑を受けている証拠になるだろう。／だから、鶴田さんが言った〝ぎりぎりの迷惑〟とは、実は大迷惑をかけられている側の最小限の必然的な抗議行動なのだ」。

このドラマは、鶴田浩二主演の『男たちの旅路』シリーズ、第4部の第3話「車輪の一歩」のことです。山田太一の脚本。放送は、1979年でした。当時わたしは、障害児教育を学ぶ教育大学の1年生。車いすの青年が、ピンク映画が観たいけれど、行きたいけれども、そこは地下の映画館で…という設定も、とても印象に残っています。

(8)「連帯」という「つながり」の中に

松本さんがエピソードとして語らえた「移動の困難」「兄の結婚」「自分は迷惑と思わなくても他者がそう思っていると思う」など、まだまだ残っている課題です。

ドラマの放送から40年近い年月が流れました。国際障害者は、1981年、もう35年も前のできごとです。当事者たちの社会運動の中で、社会的障壁を少しずつつき崩してきました。「障害を理由とする差別の解消の推進に関する法律」も2016年4月から施行されました。少なくとも「合理的配慮の提供」を申し出ると、行政機関は、受けとめなければばならなくなりました。新しい公共施設においては、少なくとも車いすの人たちにとっての段差は、少しずつなくなりつつあります。

それでも、山田太一がとりあげたテーマは、少しも古びていません。表面的な物理的な「段差」は少しずつ解消しつつありますが、「迷惑」にまつわる心性は、手を変え品を変え、根深く巣くい、新たな装いのもと、ネット空間をはじめ、あちこちにはびこっています。むしろ貧困層が増大し格差が広がり、精神的にも余裕がなくなった現代日本社会には、大きな敵があまりにも見えづらく、巨大に感じることもあり、あえて小さなちがいにこだわり、他者との優劣の中に自分の存在を見つけ、異質と思い込みたい生活弱者を痛めつけることで、ようやく自分を保ち続けることができるような生きづらさを抱えた傷つきやすい人たちが増えているように思います。こんな状況であればなおさら、新しい質の「差別」論の観点から、「障害」と「迷惑」についての論考が求められているように思います。

井上さんは、「障害者となって、僕の立場、あるいは立ち位置には大きな変化があった。非障害者として障害者運動に関わっていた時期と障害者として障害者運動に関わる今とは、立場はちがう。しかし、めざすこと、ゴールは共通している。いっさい変わりはない。障害者しかできないこともあるし、健常者しかできないこともある。「連帯」を合言葉に、僕はすすむ。どこかで握手できることをねがっている」と書いておられます。自身の中の過去の非障害者と現在の障害者との握手。実際の声は出せないけれど、無言の声は出させる。「連帯」という「つながり」の中に、そのこたえは見つけられそうです。

■結びにかえて

シリーズ本の企画を考える全障研の研究推進委員会の議論の中で、障害のある当事者からも発信するべきではないかという声があがり、議論を重ねてきました。

僕は生まれたときから障害がありますが、中途障害を負った方の「障害受容」についてもとりあげたいと思いました。人選にあたっては、受傷前から障害者運動に関わってきた井上さんに「障害受容」のプロセスも含めて書いてほしいとお願いしたところ、快くお引き受けいただきました。

僕が井上さんと出会ったのは、１９９４年に京都で開かれた全障研大会のころです。出会って20年以上が過ぎましたが、３つの姿が記憶に残っています。１つは京都駅前での「マラソンスピーチ」のスタッフとして奮闘している姿です。２つめは政治革新のために京都市長選で障害者の置かれている状況を変えるために奮闘している姿です。そして３つめが、岡山の川崎医大病院でリハビリに奮闘する姿です。

木全さんとは、全障研の研究推進委員会の中で成人期の分野でご一緒するようになり、議論をしてきました。ご自身も中途障害者であり、この本でも企画段階から一緒に考えてきました。

二人の手記でも、インタビューでも「障害は迷惑か」という問いかけをしてきたつもりですが、木全さんが書かれたように「人間の権利」「差別」「迷惑」「合理的配慮」というキーワードを関連づけながらさらに深めていく必要があることが明らかになりました。

僕は、障害をもって生まれました。そして、成長していくなかで「自らの障害」を「受け入れ」てきました。障害をもって生きていくうえで自らの「障害」を受け入れることとは、自分の「できること」「できないこと」を理解し、「できないこと」は他人（社会的）に「支援してもらう」ことで、自分らしい生活と社会参加を手に入れることができました。

僕は、日ごろはあさひ共同作業所でリサイクルを担当しています。知的障害の仲間と「空き缶回収」に回ったり、プレスしたり廃棄電線の作業をしています。回収で回っているとき、カーラジオで「国会中継」を聞いていると、ある仲間が「安倍さんはいかん」とつぶやきました。そのときは、「そうやねえ。じゃあ、あんたが大臣になるかい」「まっちゃん（僕のこと）がやったらええや」などとやりとりしたのですが、知的障害の重い仲間も家族や職員の話を心にとめているんだなあと思うことがよくあります。今年のメーデーには、彼らと参加しました。集会の後のデモ行進も福祉保育労と一緒の隊列で「障害者に働く場を」「障害者福祉の予算を増やせ」と大きな声でシュプレヒコールをあげてきました。労働者として、主権者として、彼らとともに社会にアクションを起こしていかなければならない、と強く感じました。

＊

国際的に「障害者の権利条約」がつくられているなか、日本では「制度の維持」のためにと「応益負担」の福祉制度が導入されました。その後の「違憲訴訟」で国は「障害者の尊厳を傷つけた」と謝罪し、「基本合意」に基づく「制度改革」をすすめると約束しました。基本合意から5年が経ちましたが、「制度改革」はすすむどころか後退し、介護保険との統合が政治的日程にのぼろうとしています。

その裏側では、「戦争する国・日本」への準備が着々とすすめられています。

障害者は戦争のない平和な社会でなければ生きることができません。戦争が障害者を生み出す最大の原因でもあります。日本が世界に誇る憲法を守り続け、障害者がさらに社会でイキイキと生活できることを祈ってやみません。

2016年　メーデーの日に　　松本誠司

執筆者紹介

松本 誠司（まつもと　せいし）
1968年生まれ　全国障害者問題研究会研究推進委員

井上 吉郎（いのうえ　きちろう）
1945年生まれ　WEBマガジン・福祉広場編集長

木全 和巳（きまた　かずみ）
1961年生まれ　日本福祉大学教授

表紙イラスト　田中恵子

本書をお買い上げいただいた方で、視覚障害等により活字を読むことが困難な方のために、テキストデータを準備しています。ご希望の方は、全国障害者問題研究会出版部まで、お問い合わせください。

障害は迷惑じゃない

2016年８月１日　第１版第１刷発行
2016年10月31日　　　　第３刷発行

著　者－松本誠司・井上吉郎・木全和巳
企　画－NPO法人発達保障研究センター
発行所－全国障害者問題研究会出版部
〒169-0051　東京都新宿区西早稲田2-15-10　西早稲田関口ビル４F
TEL.03-5285-2601　FAX.03-5285-2603　http//www.nginet.or.jp
印刷所－モリモト印刷株式会社

ISBN978-4-88134-485-9